JN014300

NHK調査でわかった日本語のいま

変わる日本語、それでも変わらない日本語

NHK放送文化研究所
主任研究員
塩田雄大

世界文化社

はじめに

この小さな本を手に取ってくださった方の中には、もしかすると、ここにはどれが「正しい日本語」で、どれが「間違った日本語」なのかがはっきりと書かれているものだと想像された方もいらっしゃるかもしれません。しかし、残念ながらと言いますか、そのようなものではないのです。ご期待にそえず、すみません。

ことばの「正しさ」というのは、そう簡単に決めることができるものではありません。よく「白黒はっきりさせる」などと言いますが、ことばの問題では（あるいは人間にかかわる問題はすべてそうなのかもしれませんが）、白と黒との間に、とてつもなく広い灰色が横たわっているように見えます。よく、単純に「○」と「×」だけでよしあしを示すような書物がありますが、こうしたものは疑ってかかるべき部分があるのではないかとさえ思えてきます。ものごとを「○」か「×」かに分類して理解するというのは人間にとって非常に楽なものですが、その判断方法がいつでも無条件に良いものなのかどうかは、別問題だと思います。

では、ことばの「正しさ」が簡単に決められないのなら、どういうことばを使ってもかまわない、どんなときでも話したいように話せばいい、ということかというと、ぼくは必ずしもそうは思いません。ことばは、みんなで共有するものです。まず、聞き手がだれなのか、その聞いた人がどう感じるのかということを考えておく必要があります（聞き手の違いの問題）。また、私的な場面ではなく、公的な場面で望ましいとされていることばづかいというものもあるはずです（場面の違いの問題）。

服装で言うと、たとえば「Tシャツ」は、衣服として本来的に「間違った」ものではありません。しかし、結婚式やお葬式などに着て行くことをすすめる人は、いないでしょう。これと同じように、ことばづかいでも、ことばとしては本質的に「間違った」ものではなくても、公的な場面で使うのはあまりおすすめできないという例が、たくさんあるのです。[*1]

ただし、この「公的な場面で望ましいとされていることばづかい」も、実は輪郭がぼんやりしています。個々人によって考え方が異なり、また地域によっても違います。さらに時代によっても変化し、その一端は年代差という形で観察されることがあります。

この本は、「白」とも「黒」とも決めにくいこの広大な灰色の部分に対して、さまざまな調査結果を紹介し考察することで、現代日本の「ことばづかいの相場」の現況をお見せしようとするものです。相場は、時代によって変化します。ことばづかいは、変動相場制なのです。[*2]現代の「相場観」を身につけ、また自分とは異なるほかの人たちのことばづかいも尊重して、互いに気を配りながら積極的にことばを使って理解し合おうとすることで、多様で豊かなこの社会はもっと暮らしやすいものになっていくはずです（自分が実践できてもいないのに、えらそうなのですが）。ことばを交わし続けることこそが世界平和につながるものと、真剣に考えています。自分とは異なることばづかいや考え方を一方的に否定・非難するふるまいを目にすることもありますが、そういうのはもうやめにしませんか。

そんなわけでこの本は、唯一の正解を華麗に示すのではなく、煮え切らずにうじうじした書きぶりのところが多いと思います。すべて、ぼくが必死に悩みながらひねり出した答えの一例としてご覧ください。それでももし、ご自身のことばづかいと言語生活を考えるときのヒントとして活用していただけたとしたら、こんなに幸せなことはありません。

塩田雄大

Chapter 5
気配りの日本語
迷子の敬語

Chapter 6
迷える日本語
文法の陰謀

Chapter 7 食べる日本語

食語のデザート

調査のデータについて

この本で紹介している調査の形態には、以下の2種類のものがあります。

1．全国無作為抽出調査

世論調査形式の調査。回答者を、全体として日本の大人（20歳以上）の平均像になるべく近くなることを目指して無作為（ランダム）に選んだもの。調査は対面式で実施。

注記の例：
（2019年1月実施、全国1,224人回答〔計画標本数4,000、有効回答率30.6%〕）

選ばれた4,000人のうち、30.6%〔＝1,224人〕が回答した
当初の計画で無作為に選んだ人数が4,000人
実際に回答した人数が全国で1,224人

2．ウェブアンケート

NHK放送文化研究所のウェブサイト上にアンケートのコーナーを1か月程度開設して、サイトを閲覧した人に回答してもらったもの。調査結果の性質として、そもそもことばに関心のある人たちが積極的に回答していることなどをふまえておく必要がある。

注記の例：
（2008年2月～3月実施、NHK放送文化研究所ウェブアンケート、1,339人回答）

なお、掲載したグラフの中には、四捨五入の関係で合計が100にならないものもあります。

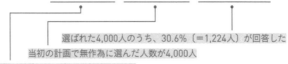

Chapter 1

とまどう日本語

ことばをたどって、とまどって

ことばの研究
01

なに、「私情により欠席」だと？

Q

「私情により欠席します」というのは、言い方としておかしいのでしょうか。

A

こうした言い方は近年になってよく使われるようになっています。これを認める立場もありますが、現状では違和感を覚える人が相当いることに注意が必要です。

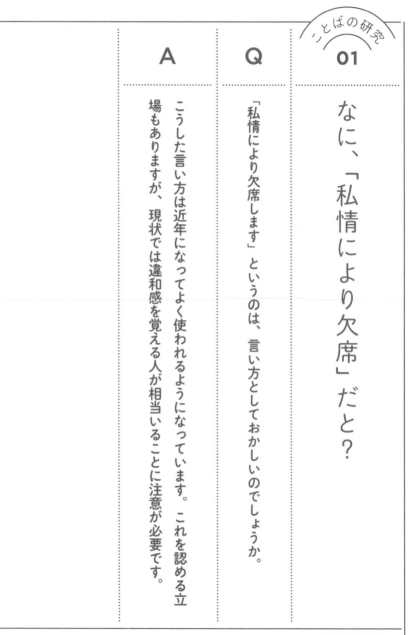

まず、「情」という漢字に着目してみます。この「情」が「純情・愛情」のように後ろに付くことばとして、たとえばこんなものがあります。

愛情、哀情、温情、恩情、感情、激情、厚情、懇情、私情、純情、抒情、心情、多情、同情、人情、熱情、薄情、非情、表情、慕情、無情、友情、余情、旅情、……

このように、「～情」には、広い意味での人間の感情や気持ちを表すことばが多くあります。こちらを「第1のグループ」としておきましょう。

一方これらとは別に、「情況（状況）」を表すことばもあります。たとえばこのようなものです。こちらを「第2のグループ」とします。

国情、事情、実情、政情、敵情、内情、……

さて、今回の「私情」ついて考えてみます。これは「個人的な感情」というのが本来の意味です。辞書では「①個人の立場に立っての感情。個人的な感情。〔用例略〕②自分の欲望を満たしたいと思う感情。自分につごうのいい感情。私心。〔用例略〕」（『日本国語大辞典（第二版）』）と示されています。やはり「第1のグループ」のことばです。

ところが最近、この「私情」を、「個人的な感情」ではなく「個人的な情況・個人的な事情」という意味で使うような新しい用法が、増えつつあるように感じられます。「私情により欠席します」「私情によるキャンセルはご遠慮ください」などの言い方です。こうした「私情」は、これまでであれば「私事」「個人的な事情」「都合」とか、「私用により欠席します」などと表現されていたところに用いられているようです。

つまり、もともと「第1のグループ」である「私情」が、新しく「第2のグループ」の用法も獲得しつつあるというわけです。

この「私情」について調査をしてみたところ、こうした新しい用法が20代にはおそらく広く受け入れられているらしいことがうかがわれました。※この結果には少し驚きました。

文章の書き方の「お手本」を掲載した解説情報の中には、欠席の連絡をするときのモデルとして「私情により欠席させて頂きたいと思います」などを掲げているものも見られます。ですがこれは現時点ではまだ一般的な用法ではないので、「私情」だけに「シジョーシキな使い方だ」と受け止められてしまわないような注意も必要かもしれません。

「私情」は……

A「仕事に私情を差しはさんではいけない」

B「私情により、本日は出席することができません」

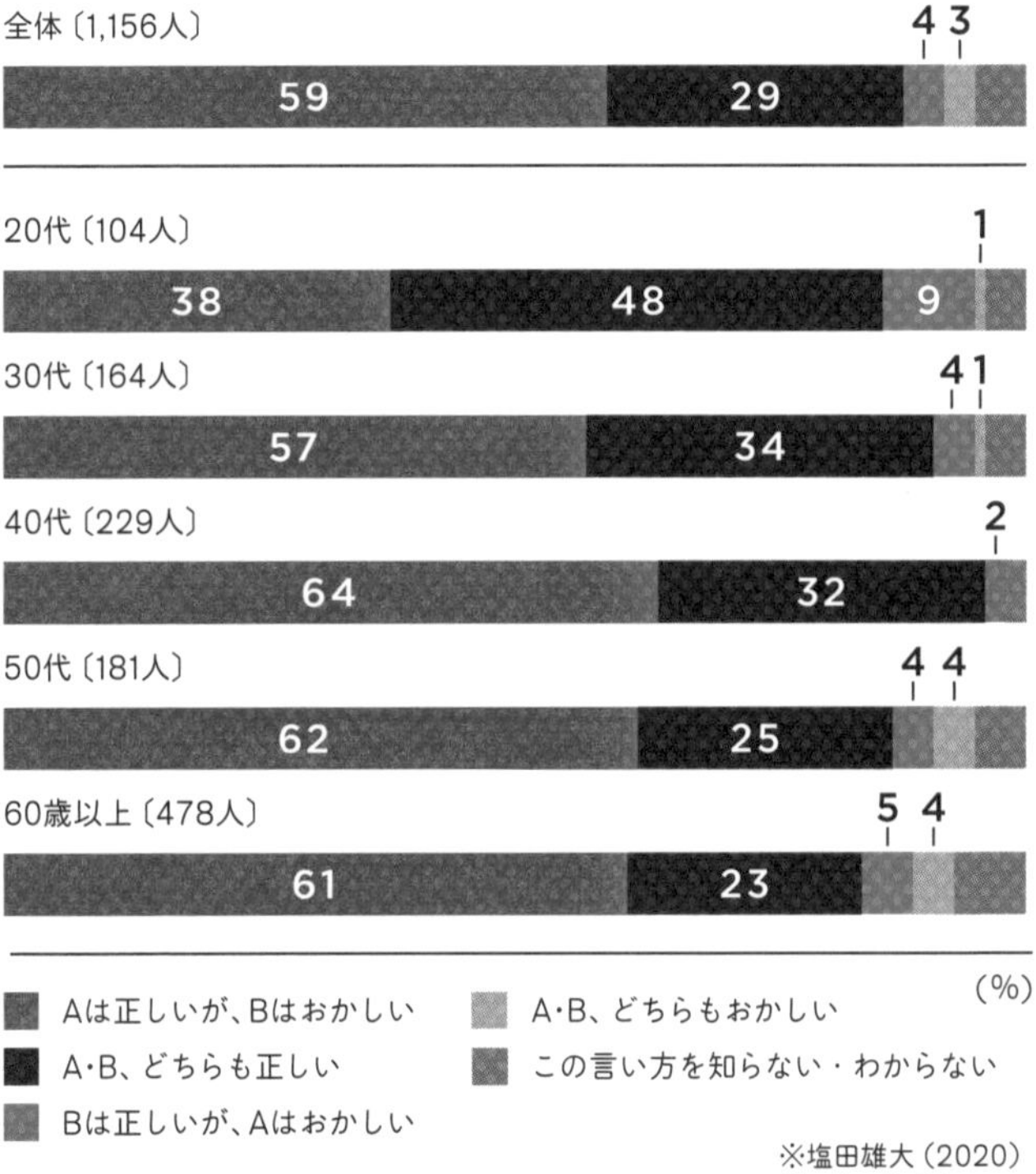

※塩田雄大（2020）「"9時10分前"は，何時何分？」『放送研究と調査』第70巻第12号

「Aは正しいが、Bはおかしい」という回答〔＝新用法に違和感を覚えるという回答〕が、全体の約6割を占めました。ただし20代では38％と決して多くはありませんでした。つまり20代では「B」を「おかしい」とする考え方は、それほど一般的ではないのです。

〔2020年3月実施、北海道を除く全国1,156人回答〔計画標本数3,826、有効回答率30.2％〕〕

ことばの研究 02

味…わわせる？

Q

「味あわせる」「味わわせる」のどちらが正しいのでしょうか。

A

文法的には「味わわせる」が正しいことになります。

現代語の「味わう」はワ行五段活用の動詞で、「味わワ（ない）、味わイ（ます）、味わウ、味わエ（ば）、味わオ（う）」のように活用します。

「味わう」は、「語幹」が「味わ」で、「活用語尾」が「ワ、イ、ウ、エ、オ」となります。「語幹」というのは、「変化しない部分」です。「〜せる」が下に連なるときにも、語幹を保存して活用語尾を加え「味わわせる」となります。

ただし、「味あわせる」という形も、実際にはよく使われています。ウェブ上でおこなったアンケートでは、年代差や男女差はあるものの、全体としては「味わわせる」よりも「味あわせる」を支持する意見のほうが、やや多くなっていました。また次のように、歌詞にも使われています。

「最終電車にとびのって　月の裏側でキャンプする
ウサギがついたモチを食べ　君にも味あわせたいよ」
（真心ブラザーズ「緑に水」YO-KING作詞、2020年）

さらには、「合う」という漢字を当てて「味合わせる」と書いた例も、少なからず見られます。

この「味あわせる」は、本来変化しない部分である語幹の「味わ」の「わ」を「あ」に変えてしまっているという理由で、文法的には正しくないとされています。「味あわせる」という形が出てくる背景には、一つには伝統形「味わわせる」に含まれている「〜わわ〜」という「同音の連続」を避けたいという意識があります。

その証拠に、「味あわせる」「味あわない」という形では比較的多く用いられていますが、それに比べると「味あいます」「味あう」「味あえば」「味あおう」といったものは、それほど使われていないようです。語幹部分を保存した伝統形「味わいます」「味わう」「味わえば」「味わおう」のままでも、「〜わわ〜」という同音の連続は生じていないからです（田野村忠温（２０１１年）「大規模コーパスとしてのインターネット」『『現代日本語書き言葉均衡コーパス』完成記念講演会予稿集』）。

同じように「〜わわ〜」という「同音の連続」が生じているものとして、「祝わない」「祝わせる」などもありますが、これについては「いあわない」「いあわせる」という「同音連続回避形」は、あまり見られないようです。そういえば、自分の誕生日を積極的に祝わなくなってから（そして、祝われなくなってから）、もうずいぶんたちました。負けるな、俺。

同じ苦しみを……

A「味あわせてやる」

B「味わわせてやる」

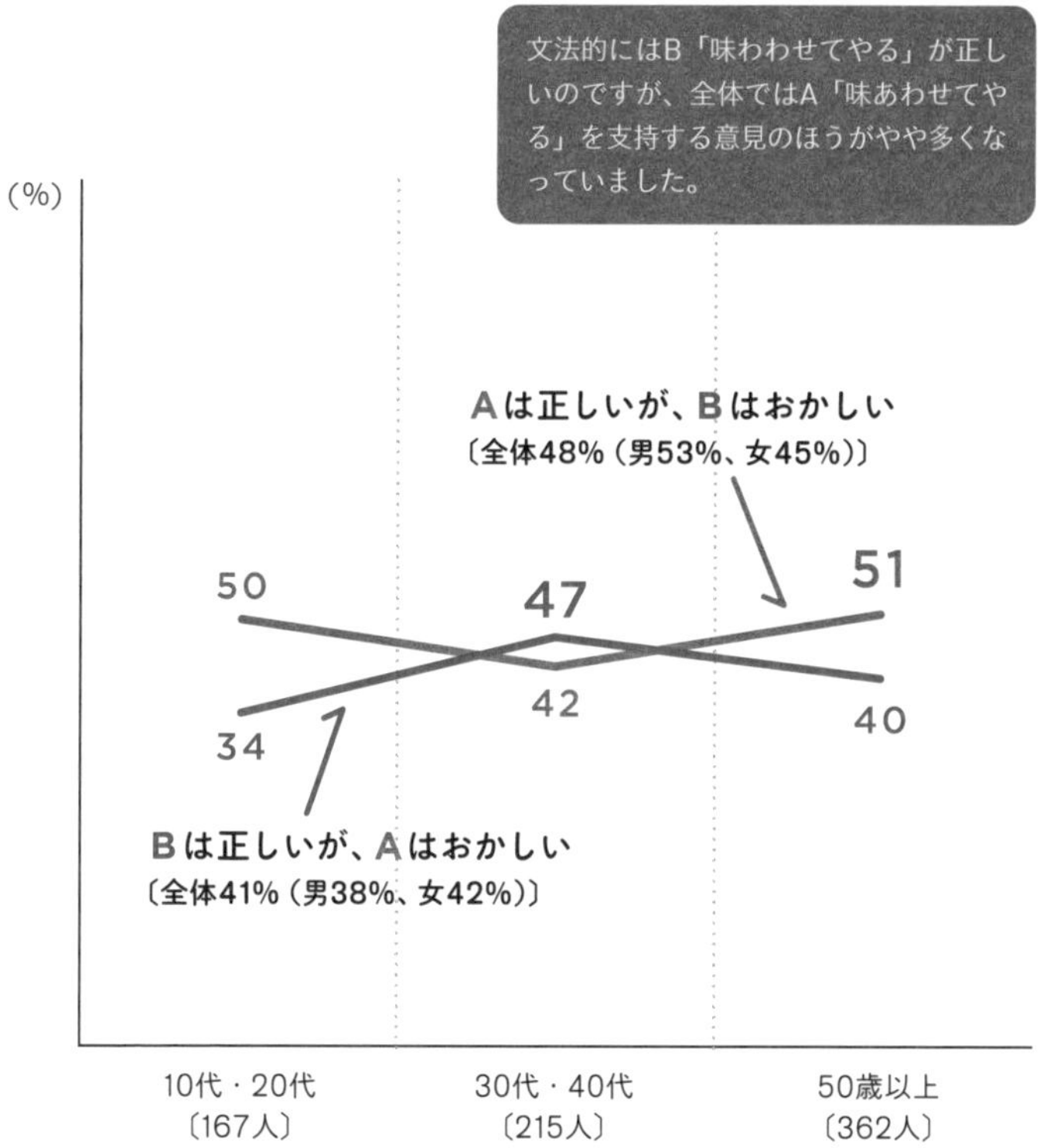

（2016年2月〜3月実施、NHK放送文化研究所ウェブアンケート、744人回答）

ことばの研究 03

映画館で「号泣」できるか

Q

「声を押し殺して号泣していた」という言い方をしても、かまわないのでしょうか。

A

「号泣」は「大きな声を出して泣き叫ぶ」というのが本来の意味です。声を上げずに涙を大量に流しているような状況で使われることが増えていますが、こうした使い方は正しくないと考える人が少なくありません。

号泣の「号」の字は「大きな声を出す」という意味で、「怒号」や「号令」といったことばにも使われていて、ここからすれば「号泣」は「大きな泣き声」でなければならないはずです。ところが「映画を見ていて号泣してしまった」といったような言い方が、次ページのとおり最近増えています（映画館の中で本当に「号泣」されたら、ちょっと迷惑だと思います）。

このように、漢字のもとの意味とは異なった用法がよく使われているほかの例として、「奇特」ということばが挙げられます。「奇特」の「奇」はもともと「めったにないほどすばらしい」という意味で使われています（「奇才」「奇観」など）。「奇特」は本来は人の行為や心がけなどについて「めったにないほど立派で感心だ」ということを表すのに使われていたのですが、最近では「おかしな行動をする人」という意味で使われる場合が多くなっています。これも、別のアンケートの結果で「若い人ほど『奇特』を『変な人』という意味で解釈する」という結果が得られています。

ふだんから、ことばの一つ一つの意味・用法を細かく観察するように心がけているつもりです。本来の用法としての「奇特」な研究者でありたいと願っているのですが、ときどき最近の意味での「奇特」であるという印象を与えてしまっているかもしれません。

「号泣する」の意味は……

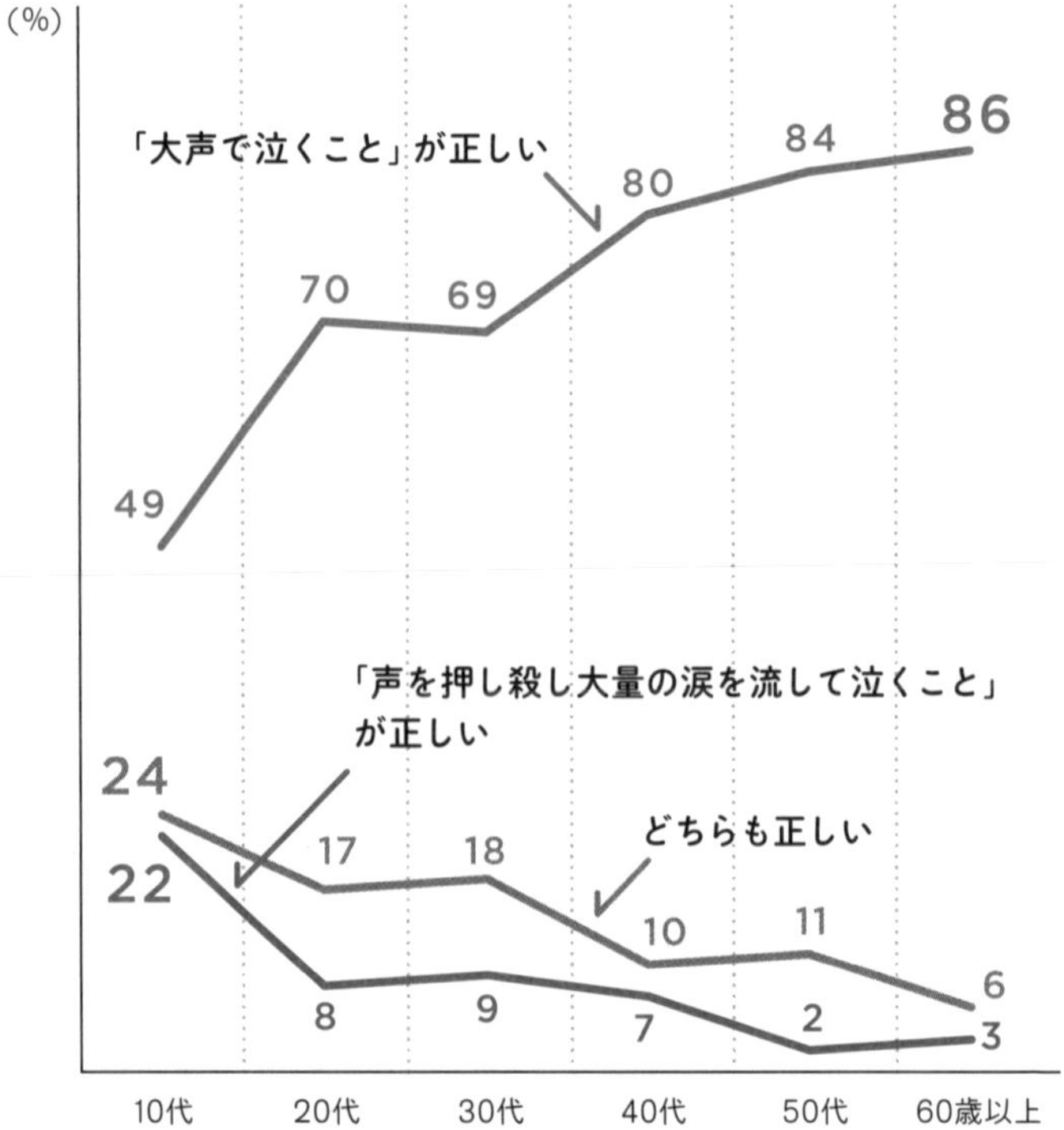

〔「大声で泣くこと」が正しい〕という回答は若い年代になるほど少なくなっており、「号泣」の意味が急速に変わりつつあることをうかがわせます。似たような例として「課金する」が「お金を払う」という意味に変化しつつあることが挙げられます。

（2009年6月～7月実施、NHK放送文化研究所ウェブアンケート、720人回答）

ことばの研究 04

「改札らへんで待ってまーす」

Q

「改札らへんで待っています」という言い方は、よくないのでしょうか。

A

これは比較的新しい言い方です。かなり浸透しているようですが、しっくりこないと感じる人も決して少なくありません。俗な印象を与えかねないので、特にかしこまった場面や、また相手が目上の人の場合には、意識しておいたほうがよいでしょう。

この「らへん」は、「ここらへん」「どこらへん」などの「らへん」の部分を取り出して、新たに別のことばに付けるようになったものです。「ここらへん」は「ここら（＝このあたり）」に「へん（＝〜の場所）」が連なったものですが、「ここら」もさらに「ここ＋ら（＝だいたいそうだということを指し示す）」のような構成を持っています。数式のように表すと、

｛（ここ＋ら）＋へん｝

のようになります。これを、

｛ここ＋（ら＋へん）｝

と解釈しなおし（こういう現象を「異分析」と呼びます）、「らへん」だけを取り出して、「渋谷らへんで遊ぶ」「まん中らへんにある」などのように場所を表す名詞の後ろに付けるようになったようです。たとえば、次のような歌詞にも使われています。

「左胸らへんに　ズキズキと　ジャンクな時限爆弾　仕掛けてあるみたい」
（藤井フミヤ「ラブレストラン」小竹正人作詞、２００５年）

使う場合の注意点は前のページらへんで述べたので、また読んでください。

「改札らへんで待っている」という言い方は……

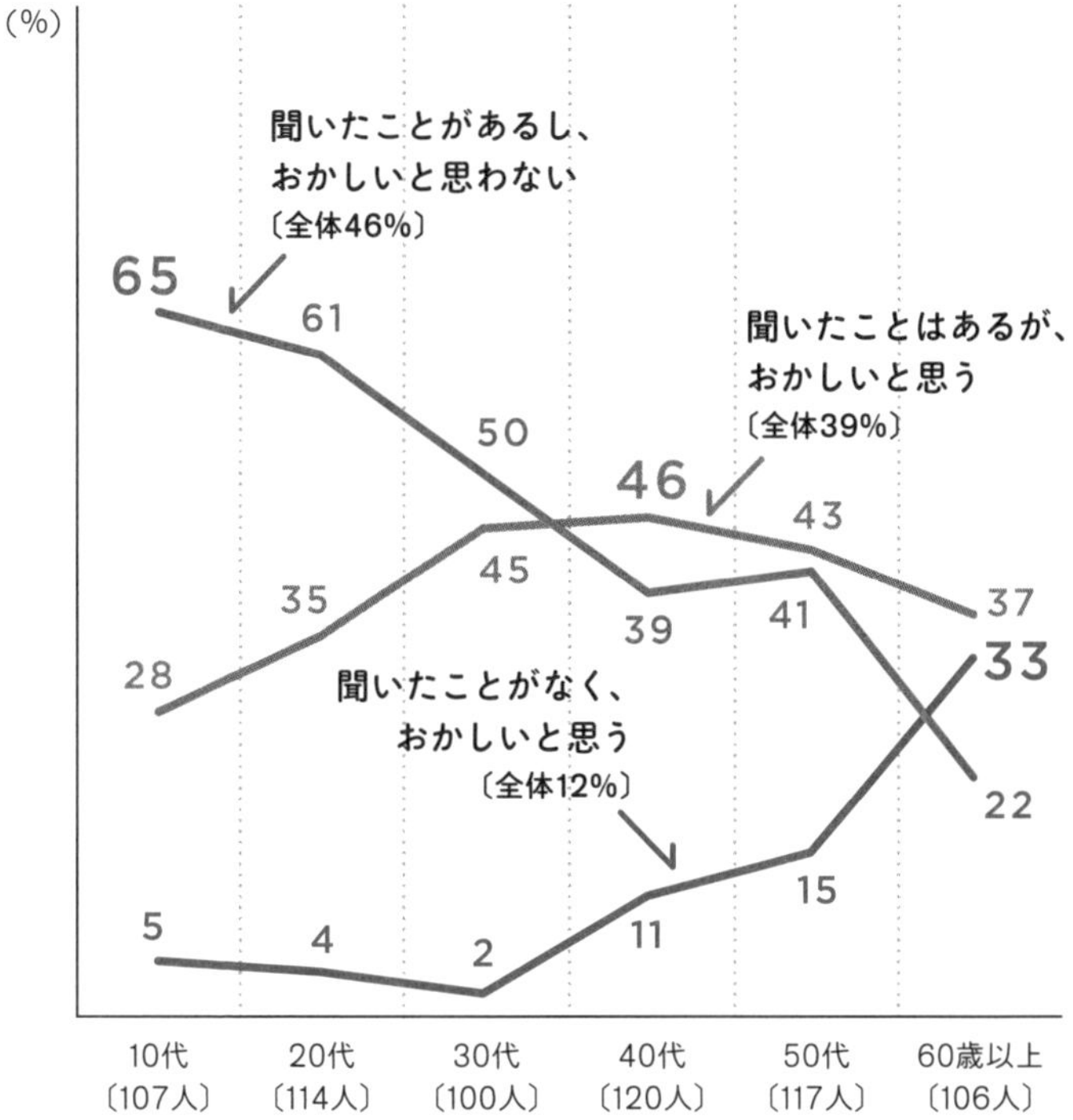

「聞いたことがあるし、おかしいと思わない」という回答が、若い年代ほど多くなっていました。今後定着していくと思いますが、ややくだけた言い方だというニュアンスはしばらく残るかもしれません。

（2014年10月～11月実施、NHK放送文化研究所ウェブアンケート、664人回答）

ことばの研究

05

「お金がいった」は、おかしい？

Q

「そのころ、とにかくお金がいった」という言い方は、おかしいのでしょうか。

A

もともと普通の言い方なのですが、近年、おかしいと感じる人も増えています。代わりに、「お金が必要だった」「お金がいる状況だった」などのように言うこともできます。

かたくるしい話から入ると、「要った（イッタ）」は、ラ行五段活用の動詞「要る（イル）」の過去形です。たとえばこのように使われています。

「私は伊根子に声をかけるのに少々勇気が要ったが、呼びかけてからは、言葉はすらすらと出た。」（辻邦生『椎の木のほとり』１９８８年）

ところが、これはこのところあまり使われなくなっているようなのです。ウェブ上でアンケートをおこなったところ、「いま、とにかくお金がいる」という現在形は「おかしい」と感じる人はほとんどいませんでした。一方「そのころ、とにかくお金がいった」という過去形では、「正しい」と「おかしい」の回答がほぼ半々でした。

そして年代別には、『いった』はおかしい」という回答が若い人になるほど多くなっていました。「いった」がだんだん廃れつつあるから、このようになっているのです。

またこの変化は、おもに東日本で先に進行しているようです。東海・甲信越や西日本では、

「両方とも正しい」という回答のほうが上回っています(いずれも「小学生のときに住んでいたところ」が基準)。

なぜこのような状況になっているのでしょうか。想像なのですが、「イッタ」という形を持つことばは、「要った」だけでなく「行った」や「言った」もあります(つまり「同音異義語が多い」)。このうち「行った」と「言った」は非常によく使うことばで、この2つだけでもややこしいのに、そこに「要った」まで入ってくると大混乱になるので、避けられているのかもしれません。

なお西日本では、「行った(イッタ)」vs.「言うた(イウタ or ユータ)」と区別して発音するところが多く、「イッタ」で混乱する余地が比較的小さいために、「要った(イッタ)」も健闘しているのでしょう。

今回は特にむずかしい内容でした。最後まで読むのに集中力がいったと思います。

A「いま、とにかくお金が『いる』」
B「そのころ、とにかくお金が『いった』」

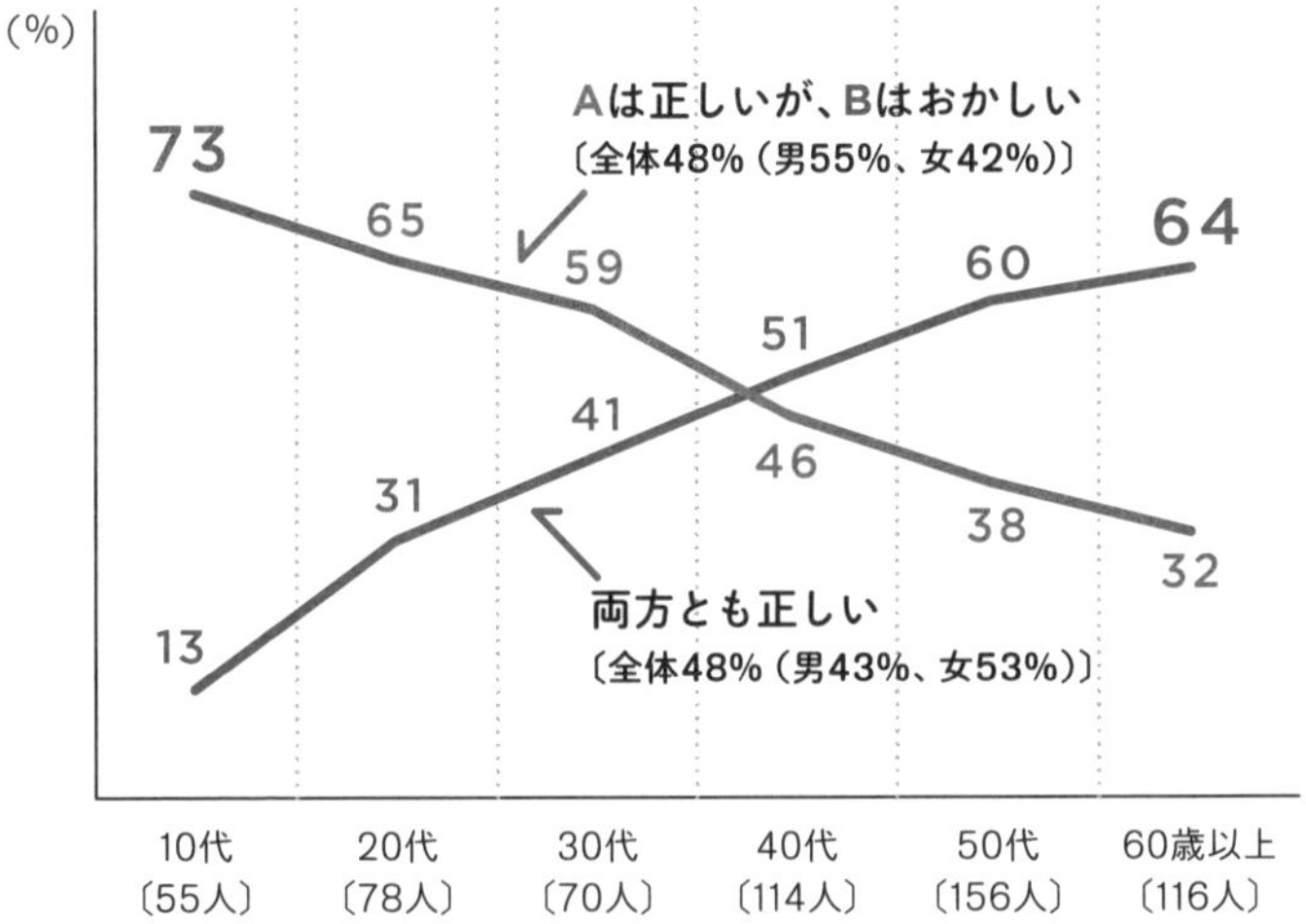

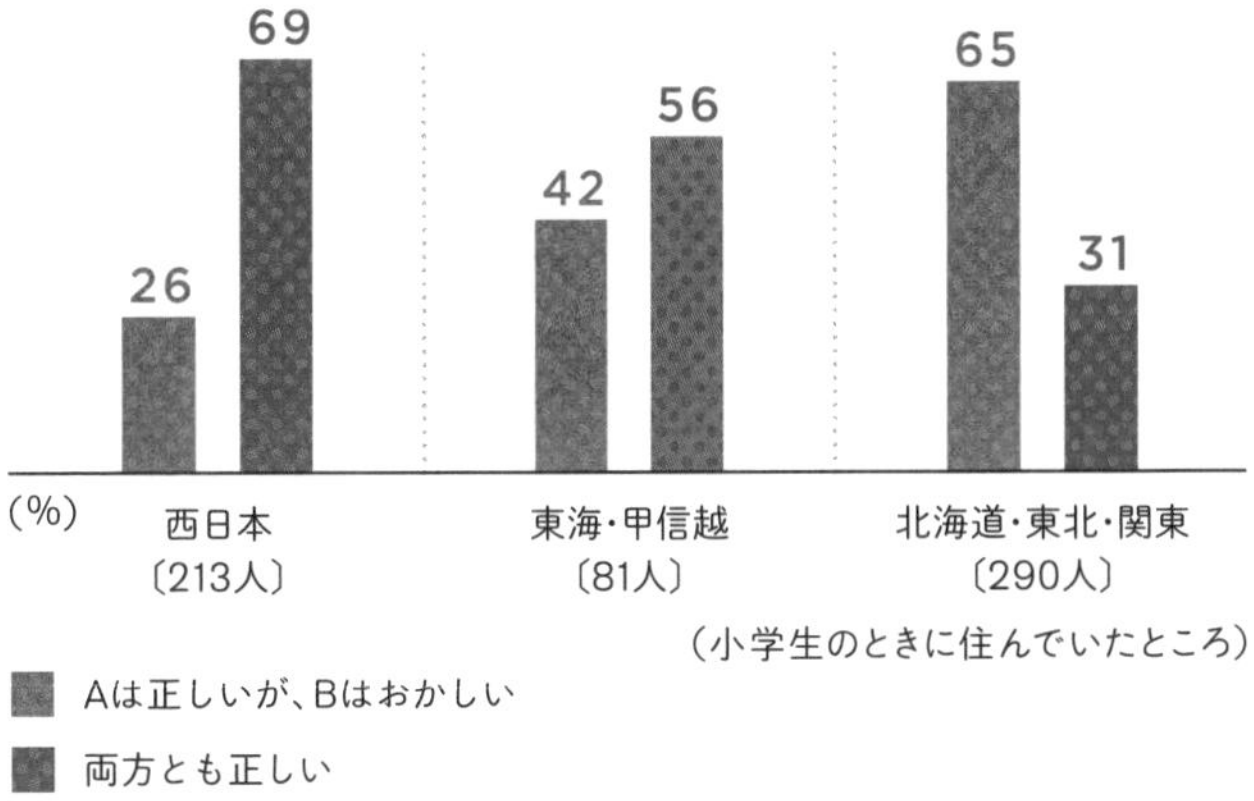

（2016年5月～6月実施、NHK放送文化研究所ウェブアンケート、589人回答）

ことばの研究 06

足を洗うか、手を染めるか

Q

「足を洗う」「手を染める」という言い方は、どちらも「悪いこと」について言うことばなのでしょうか。

A

「足を洗う」は、「悪いことをやめる」という意味です。一方「手を染める」は、かつては「なにかをし始める」というニュートラルな使い方がされていたのですが、近年では「悪いことをし始める」というように限定的に使われる意識が強いようです。

まず「足を洗う」は、外を歩いたあと、建物の中に入るときに「足を洗う」ことから出てきたことばです。一説には、修行僧が汚れた足を洗い、俗世間の煩悩を洗い清めることに由来すると言われています。

一方「手を染める」のほうは、諸説ありますが、この「染める」は「初《そ》める」と同じ語源だという考えがあります。「はじめる」という意味で、現代でも「書き初め・お食い初め」などのことばに残っています。「手」はいろいろな慣用句に用いられる語で、「手を染める」の「手」には、体の一部としての「手」の意味はあまりないかもしれません。

次の例をご覧ください。ここでの「手を染める」は、「手がける」とほとんど同じ意味で使われています。

「要するに普通世間に行き亘っている範囲では、読み本にも、浄瑠璃にも、芝居にも、ついぞ眼に触れたものはないのである。そんなことから、私は誰も手を染めないうちに、自分が是非共その材料をこなしてみたいと思っていた。」

（谷崎潤一郎「吉野葛」1931（昭和6）年）

「足を洗う」「手を染める」について、ウェブ上で調査をおこなってみました。「足を洗う」はもともと「悪いことをやめる」という意味ですが、本来の用法とは異なる使い方を認める意見も、少し見られます。

それに対して「手を染める」は、もともとはニュートラルな表現だったのに、現代では、悪いこと以外に用いるのはおかしいといったような意見が圧倒的多数になっています。

つまり「手を染める」は、「悪いこと」に限定する方向に用法が変化したようです。その理由は、うーん、よくわかりません。ご飯を食べてからじっくり考えてみます。ちゃんと手を洗ってから。

A「ギャンブルから足を洗う」
B「米作りから足を洗う」

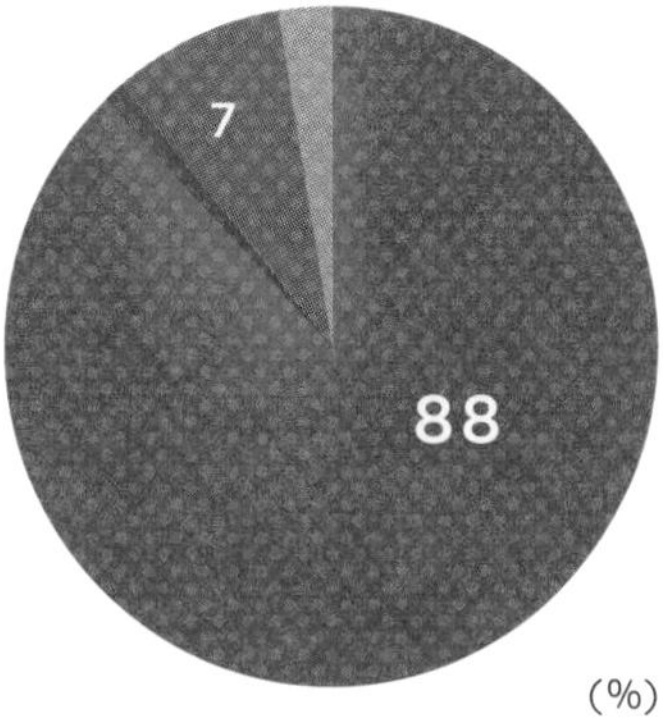

A「犯罪に手を染める」
B「ボランティア活動に手を染める」

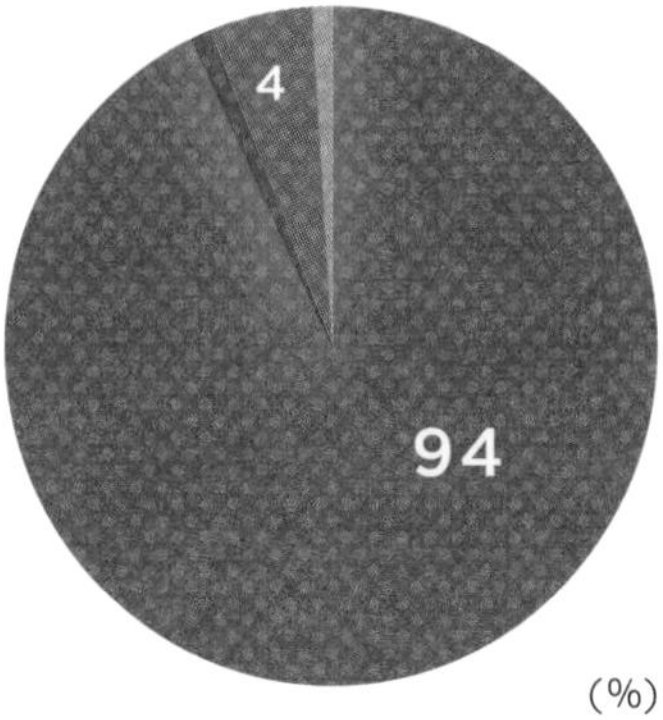

Aは正しいが、Bはおかしい　A・B、どちらも正しい
Bは正しいが、Aはおかしい　A・B、どちらもおかしい

（2016年5月〜6月実施、NHK放送文化研究所ウェブアンケート、589人回答）

ことばの研究

07

うちの「洗濯機」は、センタクキ？　センタッキ？

Q

「洗濯機」をセンタッキと発音したり、「水族館」をスイゾッカンと発音したりするのは、いけないのでしょうか。

A

センタッキやスイゾッカンと発音しても、差し支えありません。

「濯（タク）」や「族（ゾク）」でのクの音が「ッ（促音）」に変わったりすることを、「促音化」と言います。

促音化はクだけではなくキ・チ・ツなどでも起こりますが、ここではクにかかわる例に限って話を進めます。

クの促音化は、その後ろにカ行〔カ・キ・ク・ケ・コ〕の音が来たときによく現れます。「洗濯機」や「水族館」のように、後ろのところに「キ」「カン」があることばを例に挙げてみましょう。

▼〔〜クキ〕ではなく〔〜ッキ〕と発音する例：
　学期、楽器、国旗、食器、速記、復帰、躍起、……

▼〔〜クカン〕ではなく〔〜ッカン〕と発音する例：
　客観、酷寒、借款、若干、弱冠、食間、食感、触感、直観、楽観、……

こうしたものは、〔ガクキ〕〔コクキ〕とか〔キャクカン〕〔コクカン〕と発音することはないですよね。「クの促音化」によって発音が変化したからです。

しかし、促音化が起こらない例もたくさんあります。たとえば次のようなものです。

▼〔〜ッキ〕とならずに〔〜クキ〕のまま発音する例：
収穫期、生殖器、潜伏期、繁殖期、変速機、保育器、……
▼〔〜ッカン〕とならずに〔〜クカン〕のまま発音する例：
駆逐艦、屈辱感、罪悪感、満足感、無力感、体育館、大局観、道徳観、……

さて、まず促音化が起こらないそれぞれの例を見てみると、ことばとして、その前の部分の「独立性」が高いことにお気づきでしょうか。「収穫する期」だから「収穫期」、「満足する感じ」だから「満足感」です。つまり、「収穫」「満足」は独立性の高い一単語だと言えます。それに対して、促音化が起こっている「学期」「客観」などでは、「学」「客」という漢字自体にもちろん意味はありますが、これだけで一単語として単独で使うことはあまりなく（使った場合には別の意味を帯びてしまう）、「学期」「客観」という形で一単語であると考えるのが普通です。つまり、前の部分の独立性が低く全体として「完全に融合」している場合に、「促音化」が起こると言えそうです。

ここでやっと、「洗濯機」「水族館」の話です。ことばの成り立ちとしては「洗濯する機械」「水族の館（?）」ですが、現代では、そのようなことをふだんはいちいち意識していないのではないでしょうか。そのために「洗濯機」「水族館」という形で融合していて、発音は〔センタッキ〕〔スイゾッカン〕であると考える人も、決して少なくないのです。アンケートでは、「〔センタクキ〕と読む」という人と「〔センタッキ〕と読む」という人が、ほぼ半々でした。ただし、「『せんたっき』と書く」という人はきわめて少ないようです。

また「旅客機」「万国旗」や「大食漢」などについて、〔リョカクキ～リョカッキ〕〔バンコクキ～バンコッキ〕〔タイショクカン～タイショッカン〕の両方を『ＮＨＫ日本語発音アクセント新辞典』（２０１６年）では示しています。これも、「旅客機」「万国旗」「大食漢」という形で強く融合している例です。

なお、「熟考」は〔ジュッコー〕と促音化しますが、「塾講〔＝塾の講師〕」だと促音化せずに〔ジュクコー〕となります。「塾」という語の独立性が強く、融合を妨げているのです。

ここまで読解《どっかい》が大変だったと思いますが、脚光《きゃっこう》を浴びそうな画期《かっき》的なものを書いたと思っています。ぼくの錯覚《さっかく》でしょうか。え、即刻却下《そっこくきゃっか》？

「洗濯機」は……

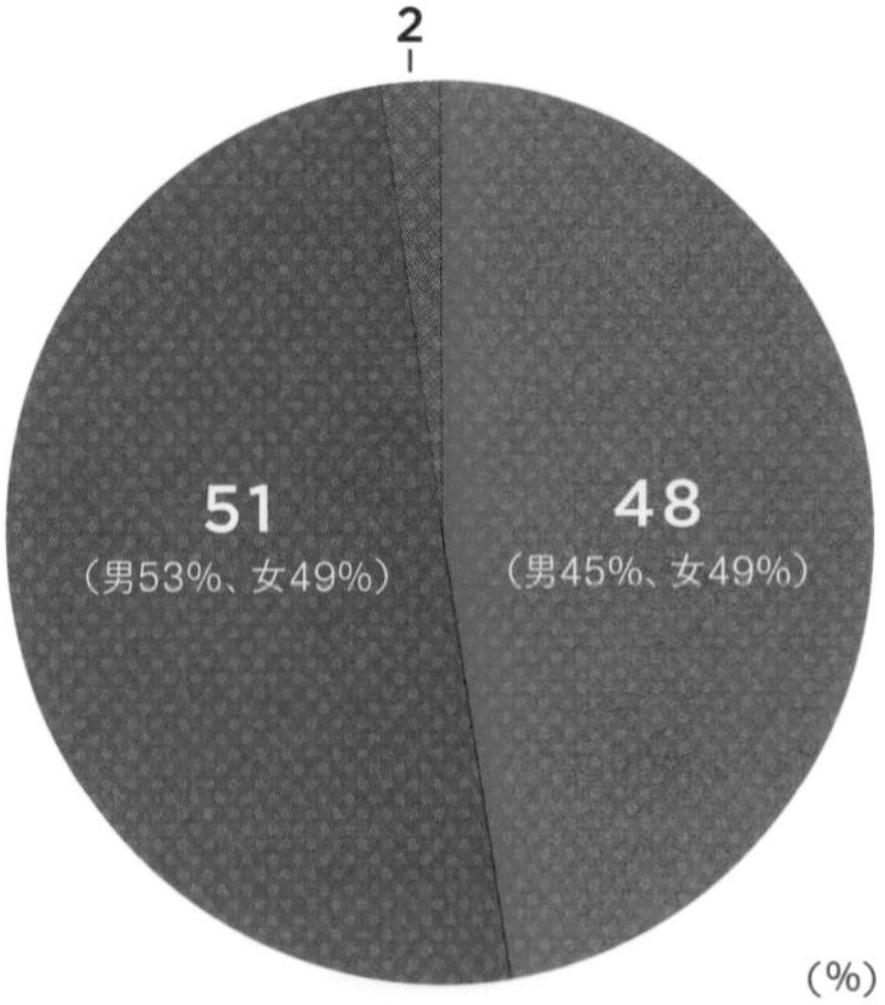

「せんたくき」と書いて「センタクキ」と読む
「せんたくき」と書いて「センタッキ」と読む
「せんたっき」と書いて「センタッキ」と読む

「圧縮機」ということばは「アッシュッキ」とならずに「アッシュクキ」と言いそうですね。あるいはこの機械になじみのある人は「アッシュッキ」と言うのでしょうか。

（2013年7月～8月実施、NHK放送文化研究所ウェブアンケート、846人回答）

Chapter 2

気になる日本語

気が気でない言い方

ことばの研究 08

「おいしくて、なんなら毎日食べてます」?

Q

「カレーがほんとに好きで、なんなら毎日食べてます」というような言い方、どうもどこかひっかかります。

A

このところ、「なんなら」ということばの新しい使われ方[※]が、急速に広まっているようです。

※この問題は、島田泰子(2018年)「副詞「なんなら」の新用法」(『二松学舎大学論集』61)という論文で非常に詳しく分析されています。

このことばは、国語辞典では次のように説明されています。これは、伝統的な用法を示したものです。

「なん‐なら【何なら】［副］《「なにならの音変化》①相手が実現を希望していることを仮定する気持ちを表す。もしよければ。「―私のほうからお電話しましょう」②相手がそれを希望しないことを仮定する気持ちを表す。気に入らないなら。「ビールが―日本酒にしましょうか」（『大辞泉（第二版）』）

ここでの「なん（なに）」は、やや口にしにくいことをぼやかして示しているのではないでしょうか。具体的には、「【あなたが希望する】なら私のほうからお電話しましょう」「ビールが【お嫌い】なら日本酒にしましょうか」ということを、「なん（なに）」を用いて表現しているのではないかと思います。日本語では、相手の意向・欲求をあからさまにことばにするのが避けられることがあり、こうしたことと関連があるのかもしれません。

そしてこのような伝統的な「なんなら」は、「私のほうからお電話しましょう」「日本酒にしましょうか」のように、「相手のために何かを提案する」という文脈で使うのが、主流であるようです（すべてではありませんが）。

〔伝統的用法〕「あしたは朝寝坊していいよ。なんなら、昼過ぎまで寝ててもいいよ。」

「うまくできなくてもかまいません。なんなら、お手伝いしましょうか。」

一方、このところ「提案」とは関係のない文脈で使われる「なんなら」が、多くなっているように見受けられます。

〔近年多い用法〕「彼はいつも朝寝坊だ。なんなら、昼過ぎまで寝ていることもある。」

「うまくできなくてもかまいません。なんなら、まったくできなくても大丈夫です。」

調査をしてみたところ、おおむね、年齢が高くなるほど「伝統的用法」のみを支持する割合が大きくなる傾向が見えてきました。

細かくてややこしい話でしたが、なんならもっとご説明しましょうか（←伝統的用法）。

A「あしたは朝寝坊していいよ。**なんなら、**昼過ぎまで寝ててもいいよ」
B「彼はいつも朝寝坊だ。**なんなら、**昼過ぎまで寝ていることもある」

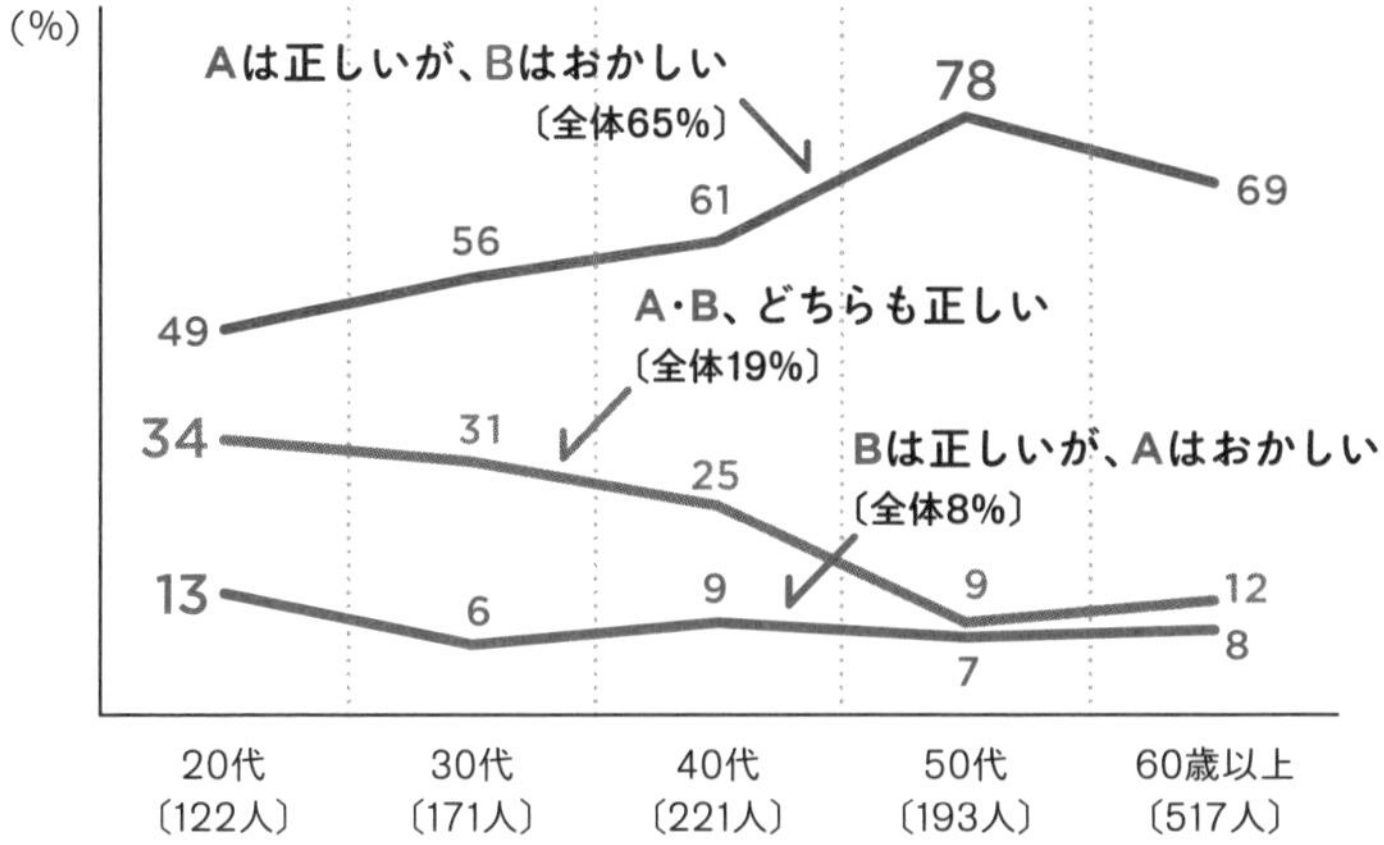

A「うまくできなくてもかまいません。**なんなら、**お手伝いしましょうか」
B「うまくできなくてもかまいません。**なんなら、**まったくできなくても
大丈夫です」

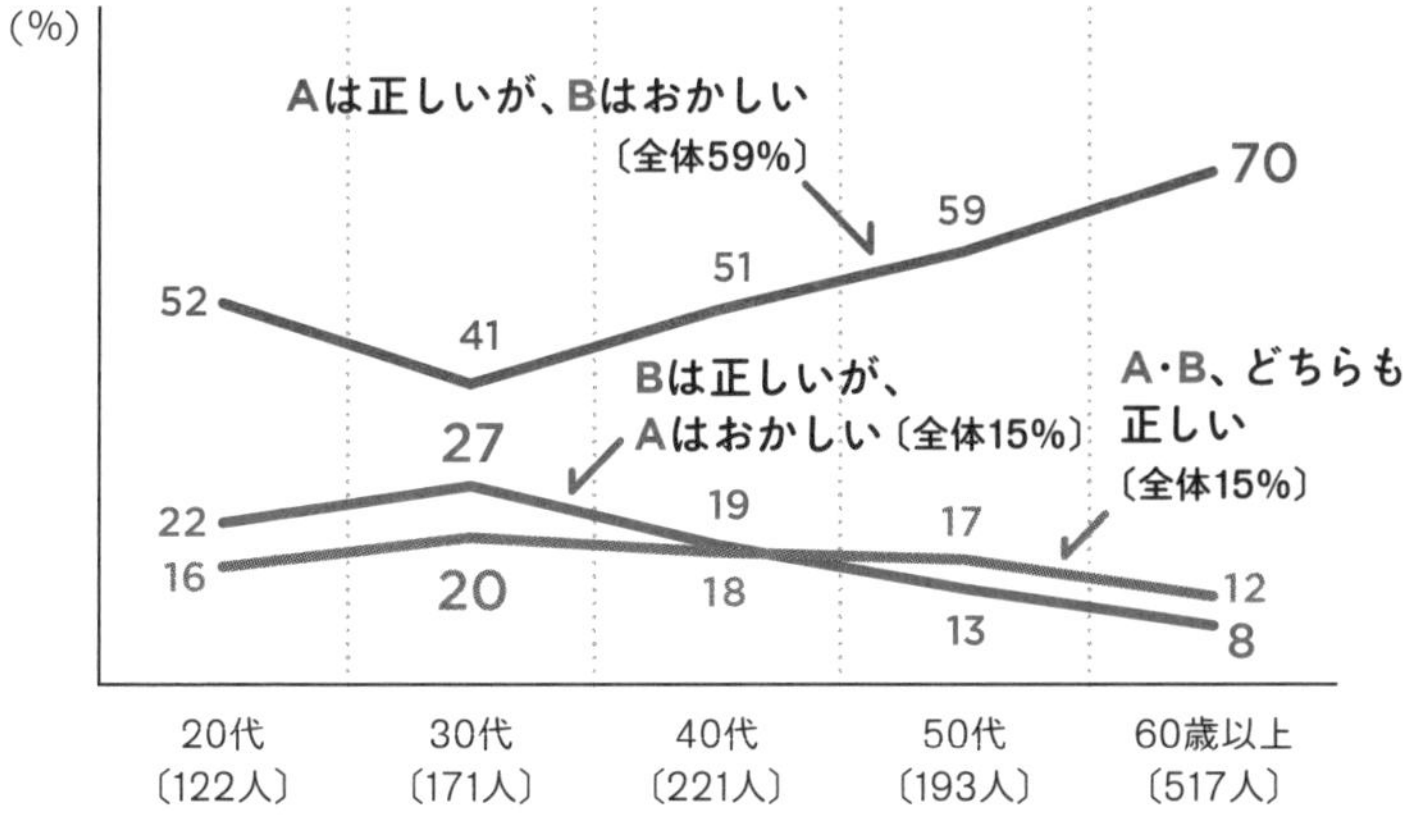

（2019年1月実施、全国1,224人回答〔計画標本数4,000、有効回答率30.6%〕）

ことばの研究
09

「なので、寝ていました」

Q

「なので」ということばの使い方がおかしいと言われました。

A

「なので」には2種類あり、「退屈ナノデ出かけてきます」のように一つの文の中で使われるもの（「文中ナノデ」）と、「退屈です。ナノデ出かけてきます」のように前の文を受けて次の文の頭で使われるもの（「文頭ナノデ」）とがあります。このうち「文頭ナノデ」は、使われ始めてからの歴史が浅く、落ち着かないと感じる人もいます。

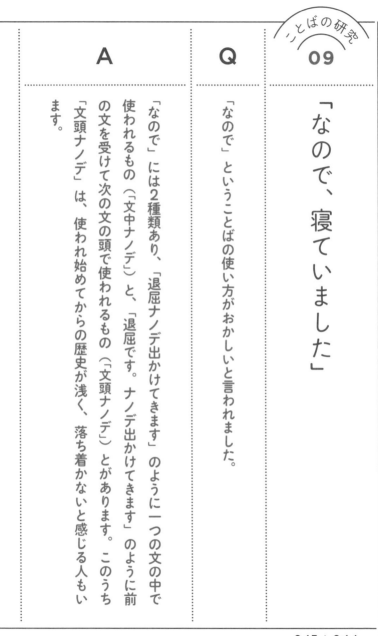

ことばが生まれた順序としては、「文中ナノデ」が先で「文頭ナノデ」が後なのですが、これとよく似たことばに「ナノニ」があります。これはわりと昔から「文中」だけでなく「文頭」にも使われてきており、「私の髪に口づけをして『かわいいやつ』と私に言った　なのにあなたは京都へ行くの」（チェリッシュ「なのにあなたは京都へゆくの」脇田なおみ作詞、1971年）や、「二人の幸せ始まっていた　なのに私のロビンフッドさま」（榊原郁恵「いとしのロビン・フッドさま」藤公之介作詞、1978年）などのように、Jポップなどということばが表れるより前の古い歌謡曲の歌詞にもよく使われています。

一方「文頭ナノデ」が歌詞に使われた例は、探した範囲内では、ごく最近の歌にいくつかある程度でした。

「文頭ナノデ」と同様の用法のことば（接続詞）に「だから」や「ですから」「そのため」などがあります。観察するかぎりでは、「文頭ナノデ」は、「だから」と言ってしまうとややぞんざいだけれども、「ですから」「そのため」ではやや堅苦しすぎる、というような中間的な場面（たとえば比較的うちとけた間柄の上司に対してなど）でよく使われているようです。

文頭の「なので」は……

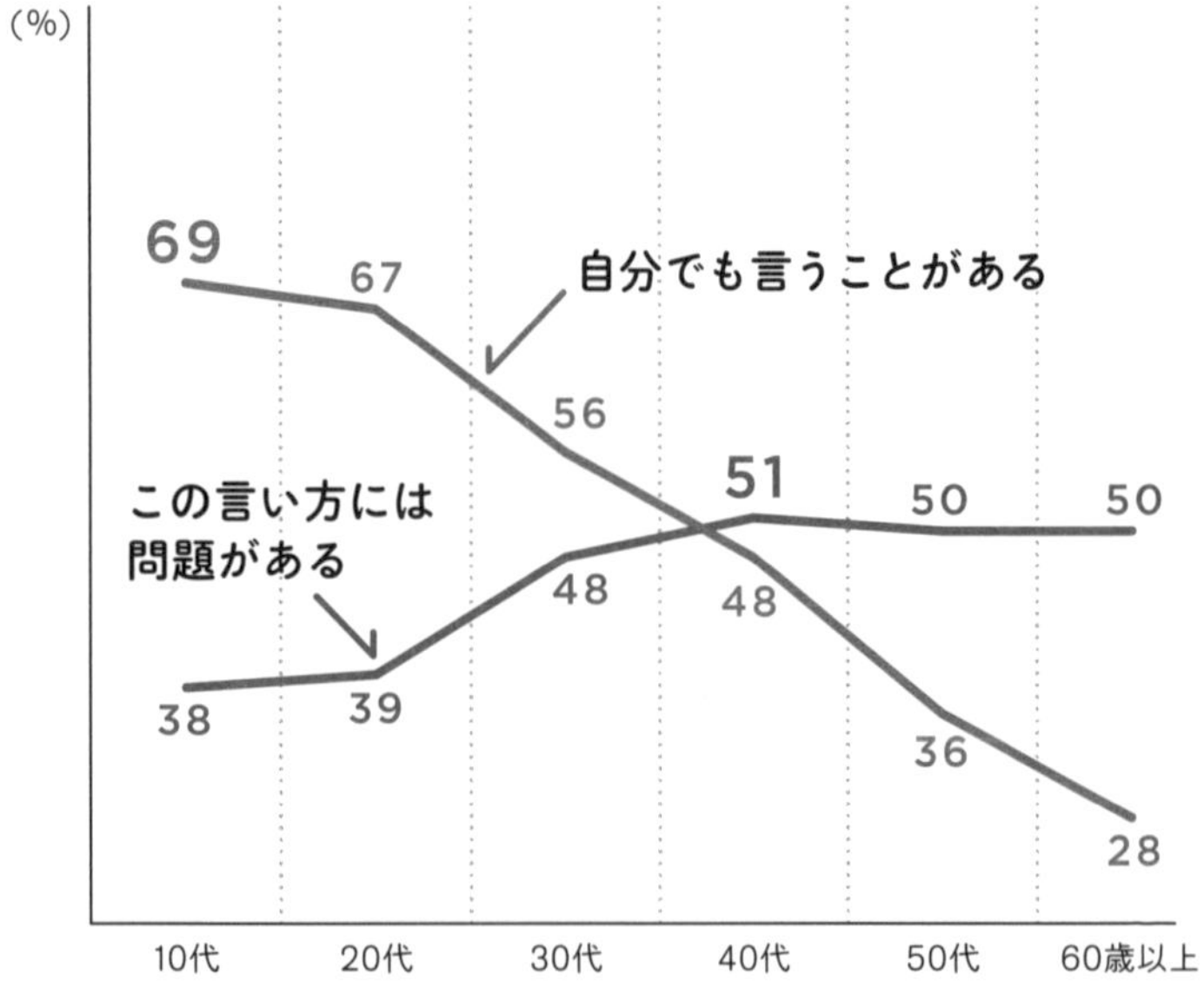

若い年代になるほど「自分でも言うことがある」という人が多くなっている一方で、中高年層では「この言い方には問題がある」と考える人も多いという傾向が見られました。なので、使い方にはくれぐれも注意してください。

（2008年2月〜3月実施、NHK放送文化研究所ウェブアンケート、1,339人回答）

ことばの研究 10

のほほんと過ごす!?

Q

「のほほんと過ごせるカフェ」という言い方は、おかしいのでしょうか。

A

これから一般的になっていくかもしれませんが、まだ新しい用法であるため、ともすると奇抜な印象を与えてしまうおそれもあると考えておいたほうがよいでしょう。「のほほん(と)」は、伝統的には、なにもせずにのんきにしていることを、やや否定的・批判的に言い表すときに使うことが普通です。

「のほほん（と）」は、伝統的にはたとえば次のように使われます。

「ノホホンとしていても、それとなく目にふれる限りのヤミ屋の流儀を観察して、他日にそなえる心構えが自然に生れているのである。」
（坂口安吾「淪落の青春」1948年）

「君などとまるで違って、どんな雰囲気のなかでも、のほほんとしていられる青年たちもいるにはいます。」（岸田國士「あるニュウ・フェイスへの手紙」1951年）

しかし近年では、ゆったりと過ごすことを肯定的に表す場合に使われることもあります。

「たまには放課後のほほんと　おしゃべり Very time（Max Heart!）」
（五條真由美「DANZEN! ふたりはプリキュア（Ver. Max Heart）」青木久美子作詞、2005年）

「こんなくだらない文章を読んで、のほほんとしている余裕はない」と思われてしまわないように、引き続き努力します。

のほほんと……

A「のほほんとできそうな雰囲気のお店」

B「のほほんと過ごしていてはだめだ」

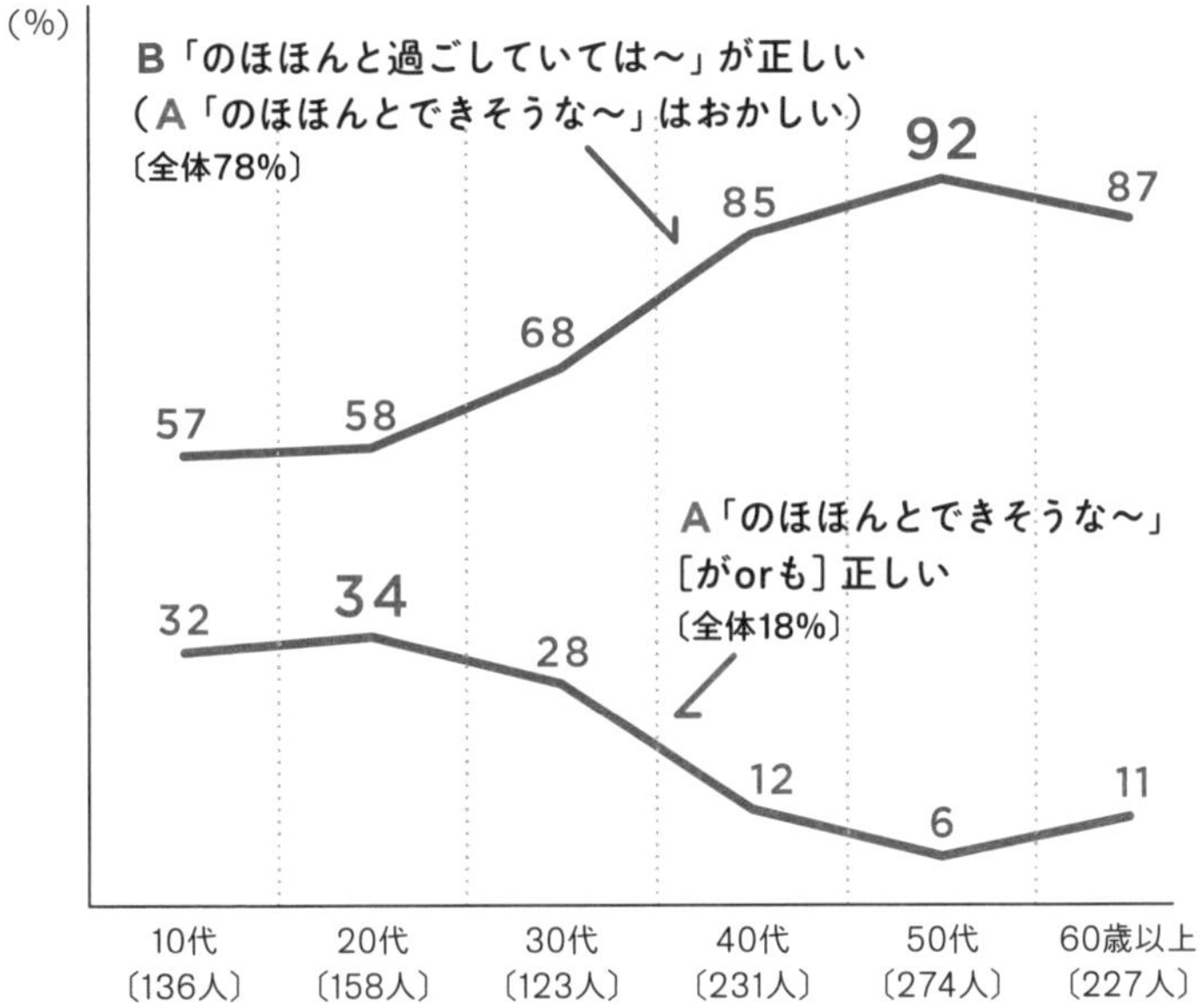

高齢層では、伝統的なBのみが正しいという考えが一般的です。
しかし比較的若い年代では、新しい用法であるAについて(も)認める意見が、ある程度見られました。この結果は想像以上でした。

(2014年1月～2月実施、NHK放送文化研究所ウェブアンケート、1,149人回答)

ことばの研究 11

疑問文でないのに〝?〟を付けてもよいか?

Q

「もう終わったかもしれない」という自分の考えを相手に伝える場合、「終わったのかもしれませんよ?」のように〝?〟を付けるのは、おかしいのでしょうか。

A

このような場合に〝?〟を付けるのは、一般的な書き方ではありません。しかし、このところ急速に増えています。

〝?〟〝!〟は、「疑問」および「驚き」を表すものとして、一般に広く使われています。このような感嘆符の使用は、使いすぎでなければ特に差し支えはありません。

さて、ここで問題になるのが、近年増えている「『疑問』ではない〝?〟」です。「疑問」とは要するに何かというと、「自分よりも、相手のほうが確かな情報を持っている・確かな判断ができそうだ」と思われるときに、相手に尋ねるものです。このようなときに、「疑問」を表すものとして〝?〟が用いられてきています。

一方、今回の「終わったのかもしれませんよ」については、おそらく「自分のほうが、相手よりも確かな情報を持っている・確かな判断ができそうだ」と思われる状況下で、発話されるものです。これは「疑問」には当たらず、そのため〝?〟を付けるのは一般的ではありません。

このことについて、ウェブ上でアンケートを実施してみました。メールで「終わったのかもしれませんよ」と書くときに、最後に〝。〟と〝?〟のどちらを使うか、というものです。その結果、30代以上では「〝。〟のみ(〝?〟は使わない)」という人が大半でしたが、20代では「〝。〟と〝?〟の両方とも使う」という答えが主流でした。この世代では、SNSなどでよく使うのでしょうか、「終わったのかもしれませんよ?」という書き方も、きわめて普通なのです。こうした用法は、思った以上に広まっているようです。

おそらく現代日本語では、〝?〟の指し示す意味が、「疑問」から「文末の音が上昇すること」へと変化しつつあるのではないかと予想されます。でも、多くの人にとっては、こういうのはどうでもいい問題なのかもしれませんね?

「もう終わったのかもしれない」ということを、
メールで相手に伝える場合

A「終わったのかもしれませんよ。」

B「終わったのかもしれませんよ?」

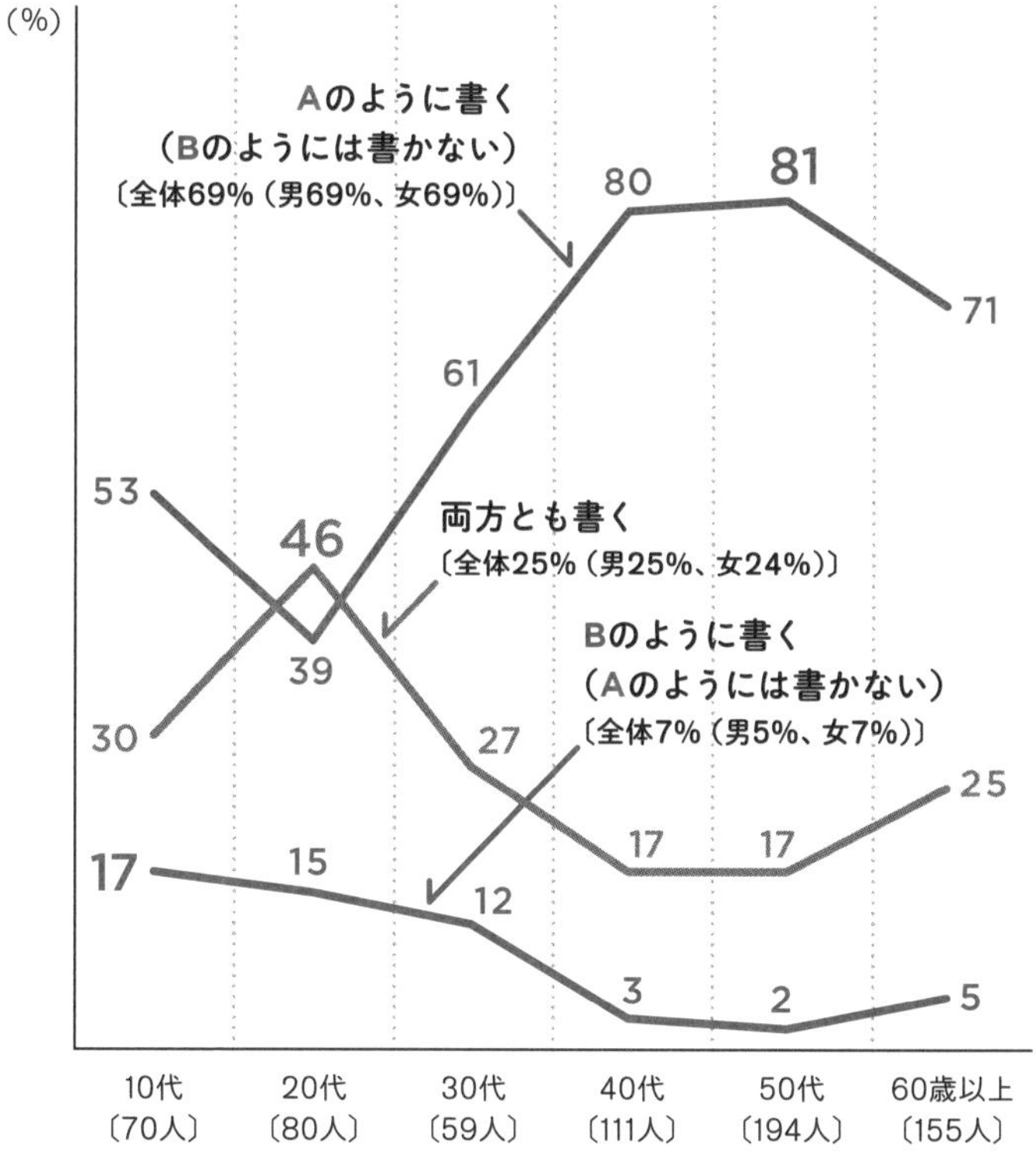

(2016年12月~2017年1月実施、NHK放送文化研究所ウェブアンケート、669人回答)

ことばの研究 12

有名な「逸話」？

Q

「有名な『逸話』があります」という表現は、おかしいと言われました。

A

「逸話」ということばができたころには、このような使い方がされるとは想像していなかったかもしれません。しかし、いろいろな考え方があるでしょうが、この「有名な『逸話』」というような表現も、現代語としてはさほどおかしくないように思います。

「逸話」の「逸」には、「もれてしまうこと・それてしまうこと」という意味があります。たとえば「(機会を)逸する、逸脱、散逸、逸聞、後逸」などはこの観点から「逸」が使われていて、「逸話」も「記録からもれてしまっている」というのがもともとの意味です。つまり、「語り継がれていなくて、ほとんど世間には知られていない話」が「逸話」なので、「有名な『逸話』」というのは、本来なりたちようがないはずのものなのです。

その一方で、「逸」には「いい・すぐれた」という意味もあります。「逸材、逸品、秀逸」などがその例です。このような意味で「逸話」を再解釈したのが、近年の「有名な『逸話』」のような用法なのだと思います。つまり、「逸話」を「いい話」という意味で使っているのです。

これは、「逸話」の当初の用法とは異なりますが、「逸」の意味から説明が可能なものとして、現代では認めてもよいのではないでしょうか。なお、話がやや逸《そ》れますが、最近「矮《わい》小化《しょう》」(=必要以上に小さく扱う)ということばが「歪曲《わいきょく》する」(=ゆがめる)のような意味で使われてしまっていることがよく見られます。「矮」と「歪」は、「わい」という音は共通しているけれども意味が違うので、こちらはきちんと使い分けたほうがよいと思います。

「有名な『逸話』」のような言い方は、現実にかなり広く受け入れられています。ウェブ上でおこなったアンケートの結果を見ると、本来の用法に基づいた「『逸話』は『あまり有名ではない話』である」という解釈は、30代・40代では主流になっていますが、それ以外の29歳以下と50歳以上では、新しい用法である「『逸話』は『有名な話』である」を正しいものと考える人のほうが多くなっています。

いつもためになるいい話だなあという、新しい意味での「逸話」を書きたいと思っていますす。ですが油断すると、あまりに細かすぎて普通は指摘されることのない、本来の意味での「逸話」に走ってしまいがちです。反省。

逸話は……

A「有名な話」

B「あまり有名ではない話」

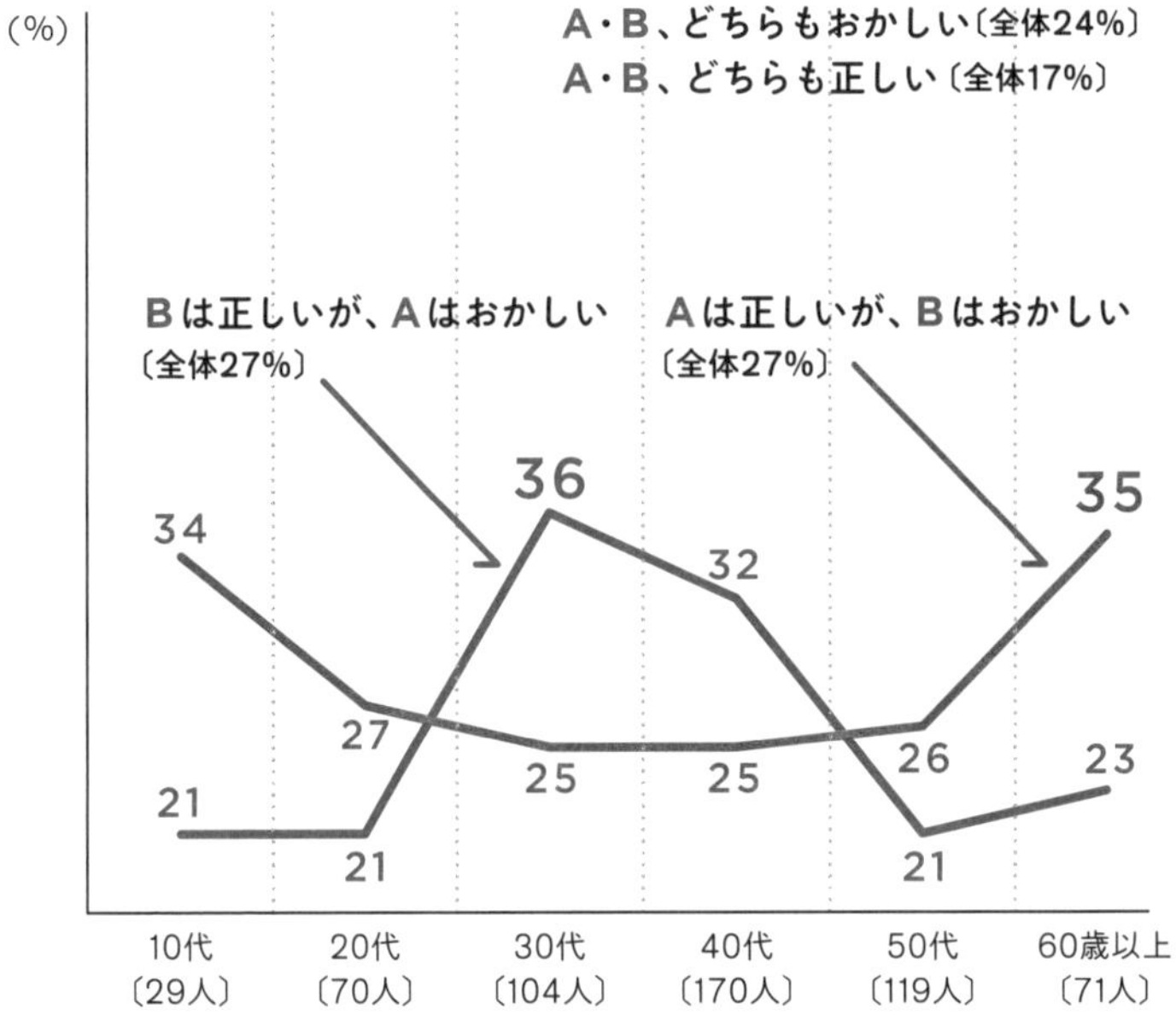

「閑話休題」も、「閑話〔=むだ話〕はこれぐらいでやめにしておきます」ということなのですが、中には「いまから本題をお休みして、むだ話をします」というような意味で使う人もいるようです。

(2009年9月〜10月実施、NHK放送文化研究所ウェブアンケート、563人回答)

大したことのない話なので「割愛します」

Q

「それほど重要な内容ではないので、割愛します」という言い方は、おかしいのでしょうか。

A

「割愛」のもともとの意味を考えると、「それほど重要な内容ではないもの」についてこのことばを使うのは、ふさわしくないことになります。ですが現代では変化がかなり進んでいて、伝統的な意味・用法を意識している人のほうがむしろ少数派です。

「割愛」は、「〝愛〟着のあるものを、泣く泣く〝割〟って断ち切る」、つまり、ほんとうはぜひとも紹介したいものごとを、時間やスペースの制約から、いたしかたなく省略することを言うことばです。本人は、非常に重要だと思っているものごとなのです。

ところが、現代での「割愛する」は、このような本来の意味からは外れた文脈で用いられることが非常に多くなっています。対象物に対してさほど執着もなくて、単に「省略する」「省く」と言えば済むような場合にも、よく使われています。

ウェブ上でおこなった調査では、伝統的な用法よりも、新しい用法を支持する人のほうが多いことがわかりました。もはや「割愛」に関しては、もしかすると「もともとは〝たいへん重要なこと〟に限って用いていた（しかし、現代では必ずしもそうではない）」というように説明するのがふさわしい段階に至っているのかもしれません。

最後にオチを用意しておいたのですが、今回は割愛します。

A「それほど重要な内容ではないので、割愛します」
B「大変重要な内容なのですが、割愛します」

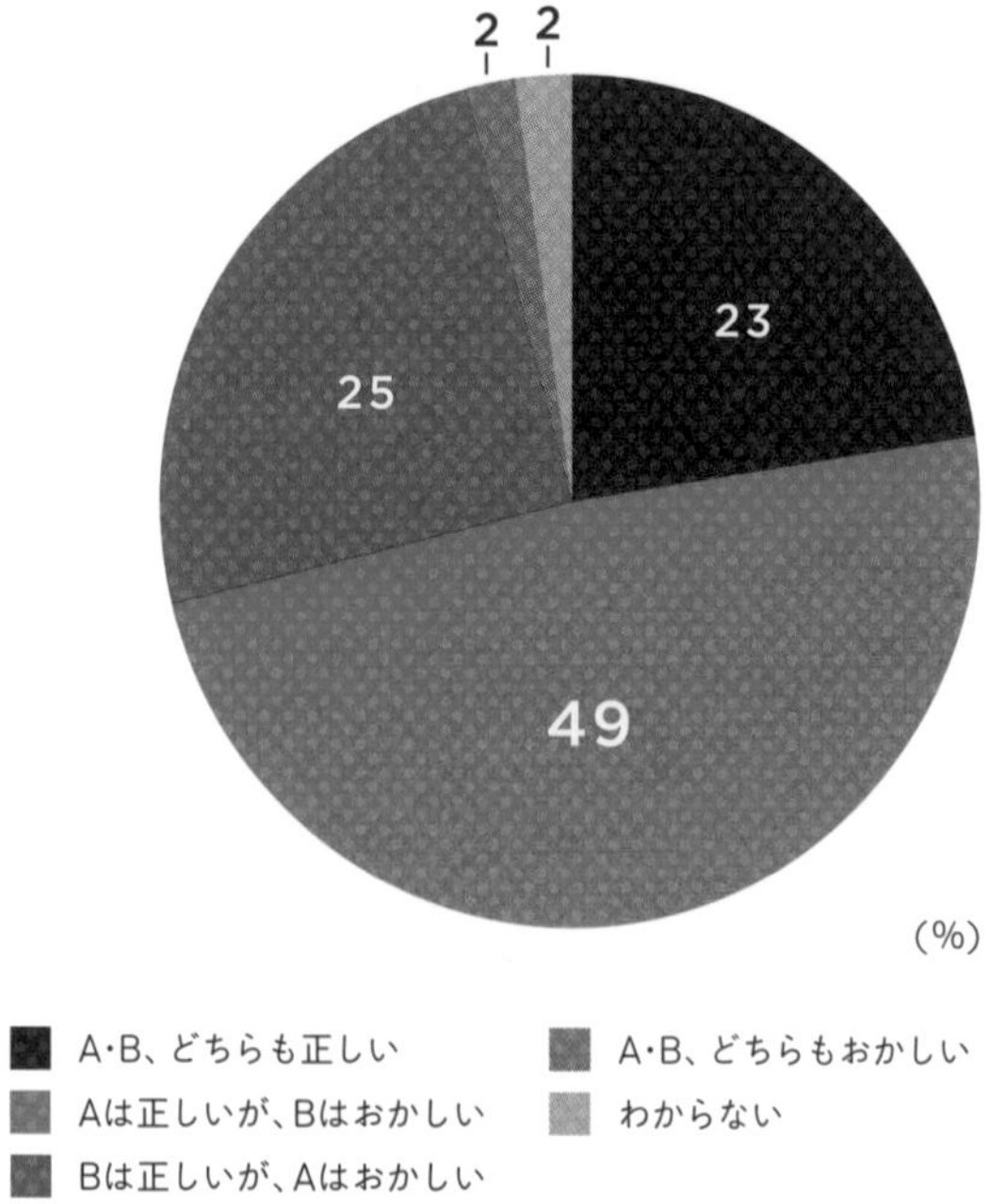

「Bは正しいが、Aはおかしい」という回答が、伝統的な見解にあたります。しかしこの回答は、全体で25％程度にすぎませんでした。これと反対の新しい見解、つまり「Aは正しいが、Bはおかしい」(49％)が、現代では主流派なのです。

(2016年10月〜11月実施、NHK放送文化研究所ウェブアンケート、595人回答)

ことばの研究

14

「つかぬこと」をうかがいますが

Q

「つかぬことをうかがいますが」というのは、どういう意味なのでしょうか。

A

「これまでの話の流れとは直接には関係のないことを尋ねますが」という文脈で使うものです。最近では「つまらないことを尋ねますが」というニュアンスで用いられることも多くなっていますが、これは伝統的な使い方ではありません。

日本語の「つく」は、意味・用法が非常に広い動詞です。「つかぬこと」の場合は、「つく」が【付随する】という意味で使われていて、全体として【関係のないこと】を表します。

たとえば、次のようなものです。


「オヤ、和尚さん。こんにちは。いつも和尚さんは顔のツヤがいいね」

「ウム、お互ひに、まア、達者でしあはせといふものだ。ところで、つかぬことを訊くやうだが、お前さんはこの一月ほど、牛がでて、そのなんだな、蹴とばされるやうな夢をみなかつたかな」（坂口安吾「土の中からの話」1947年）

このように「つかぬこと」が【関係のないこと】という意味で用いられた例は、江戸時代からあります。

ところが、【つまらないこと】を表す使い方も多く見られます。ウェブ上でおこなったアンケートでは、『つかぬことをうかがいますが』には『つまらないことを聞きますが』という意味がある」というのを支持する回答が、若い年代にはやや多いことがわかりました。

【つまらないこと】を表す使い方は、「つかぬこと」の「用法が変化しつつある」ことの反映だと考えることができますが、一方でこれは「伝統的な用法ではない」ことを知っておく必要があります。おそらく、「愚にもつかない〔＝ばかばかしい〕こと」からの連想がはたらいているのではないかと思います。

関連して、「ちなみに」の使い方にも注意が必要です。「ちなむ」は「関連がある」という意味で、「ちなみに」で「これまでの話の流れと関係のあることを付け加えて言うならば」という文脈で用いるのが伝統的です。あくまで「付加情報・参考情報」という位置づけであって、一番重要なことを言い表す場合にはふさわしくないことがあります。特に、相手に何かを尋ねるときに使うのには注意が必要です。たとえば「ちなみに、どれがおすすめですか」は、「(その考えに従うかどうかはわかりませんが)いちおう『参考情報』としてうかがっておきます」というような悪印象を与えかねないので、ちなみにご注意を。

A「つかぬことをうかがいますが」には、
「関係のないことを聞きますが」という意味がある
B「つかぬことをうかがいますが」には、
「つまらないことを聞きますが」という意味がある

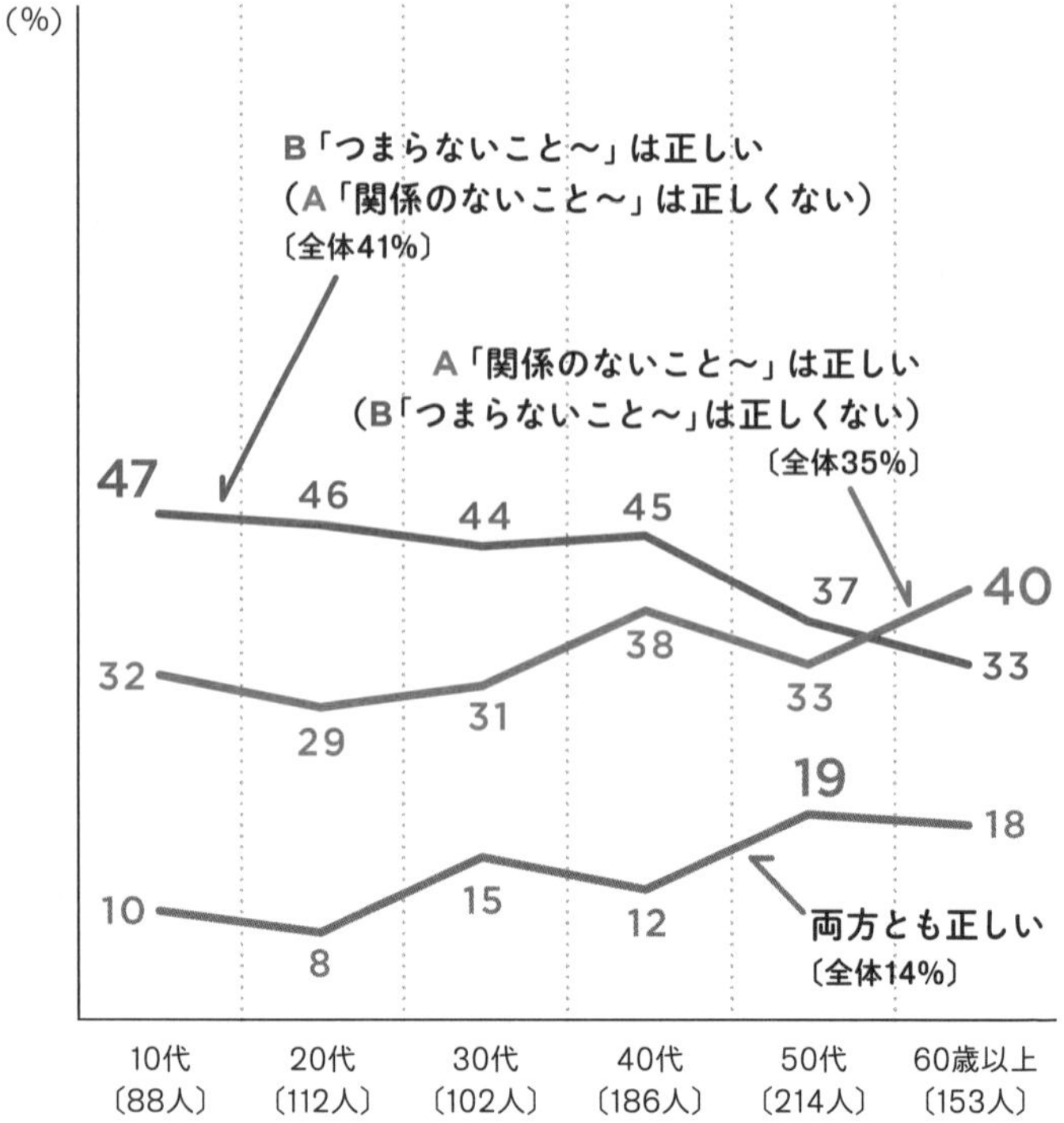

(2014年2月〜3月実施、NHK放送文化研究所ウェブアンケート、855人回答)

ことばの研究 15

飛び抜けて「弱い」？

Q

「飛び抜けて『弱い』」という言い方は、おかしいのでしょうか。

A

伝統的には、「飛び抜けて」の後ろにはプラスの意味のことばが来るのが普通です。「弱い」のようなマイナスの意味のことばが続くのは、どちらかというと新しい用法です。

「飛び抜ける」は、そのことばのとおり、「飛んで抜ける」ということからできたことばです。「飛ぶ」というのは「上のほうに行く」ことで、「抜ける」はある平均的な（どんぐりの背比べ的な）集団から離れていくことだと言えます。そして、このような具体的な意味から、「ある集団と比べて格段に秀でている」というやや抽象的な意味・用法が派生してきたのだと考えることができるでしょう。こうしたことから、「飛び抜ける」は、もともとイメージとして「上のほうに行っている」つまり「プラスの評価」と結びつきやすいものです。
ウェブ上でおこなったアンケートの結果では、「飛び抜けて」はもともとプラスのことについて使うのが一般的だったのが、プラス・マイナス問わず両方とも普通に使えるように変化し始めているようなきざしが見られました。

このような用法の変化は、ほかのことばでも、よく起こっています。たとえば「ひどく」ということばを取り上げてみましょう。これは、「非道《ひどう》」という漢字のことばから「非道《ひど》い」という形容詞が生まれ、それを活用させて「非道《ひど》く」となったものです。「道に非《あら》ず」ということから、本来は「むごい・残酷だ」というようなマイナスのニュアンスを強く帯びていました。昔はマイナスの意味のことばにだけ使うものだったのですが、時がたつと、こうしたことはあまり意識されなくなってきました。たとえば、

「幼い頃から、ひどく犬が好きで」（太宰治「日の出前」１９４６年）

のような例がありますが、プラスのニュアンスがある「好きだ」ということばに「ひどく」が付く例は、比較的近年のものです。

また、「めちゃくちゃ」も、「まったくでたらめだ」というもとのマイナスの意味から離れて、「めちゃくちゃうれしい」「めちゃくちゃおいしい」などのようにプラスの意味の場合にも用いられるようになっています。「飛び抜けて」も、いずれは、プラス・マイナス関係なく普通に使われるようになるかもしれません。ですが、少なくとも現時点での相場としては、「飛び抜けて弱い」のような言い方には抵抗感を覚える人が少なくないのです。

「飛び抜けて」に関連して、あか抜けたオチで終わりたいと思ったのですが、どうも間の抜けたものしか思いつかないので、このへんでやめておきます。

このチームは飛び抜けて……

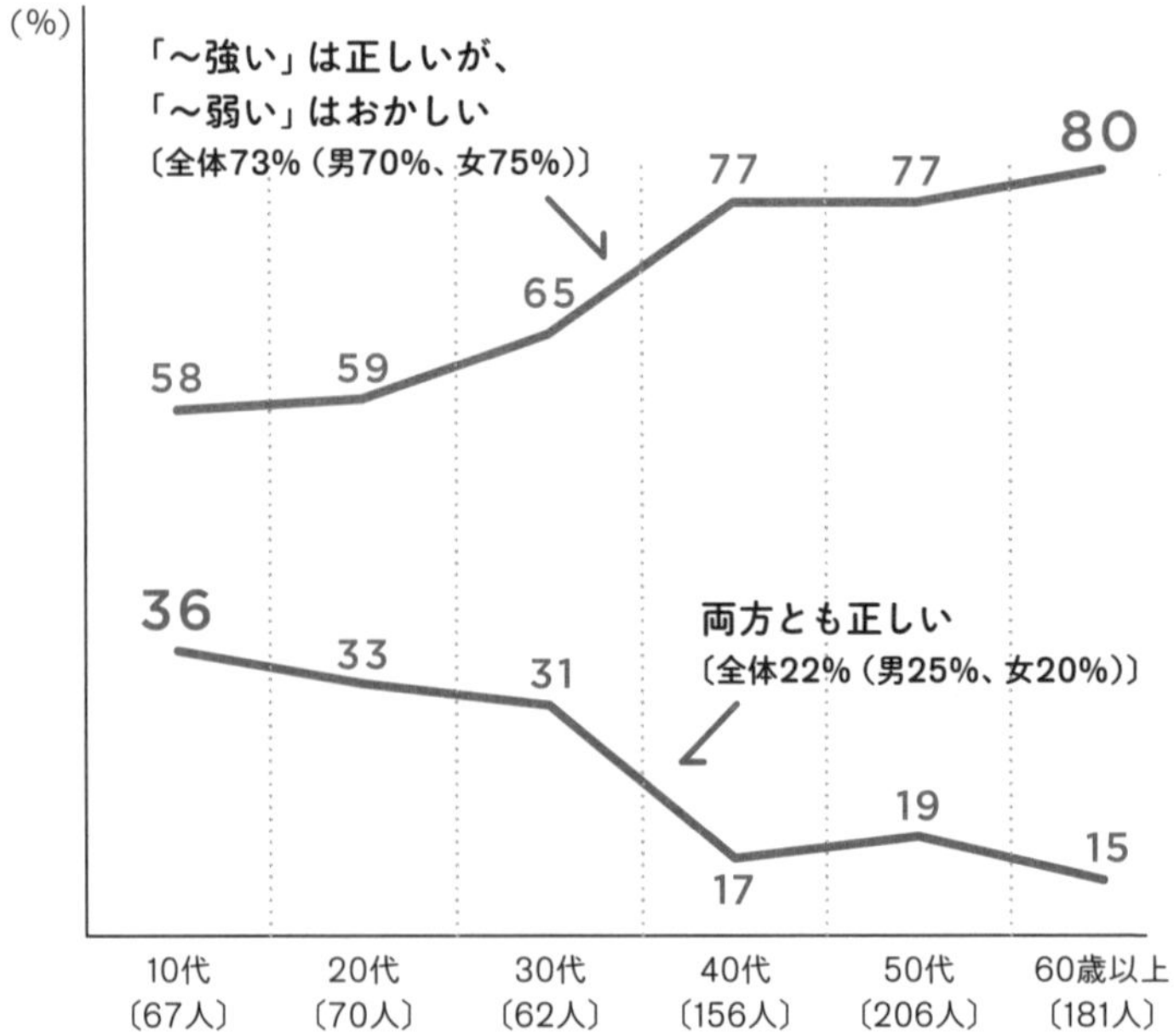

「このチームは飛び抜けて強い」は正しいけれども「飛び抜けて弱い」はおかしいという答えが、非常に多く見られました。ただし年代差があり、「両方とも正しい」という答えの割合が、若い人になるほど大きくなっています。

(2016年3月〜4月実施、NHK放送文化研究所ウェブアンケート、742人回答)

ことばの研究 16

「～たり、～たりする」？

Q

「～（し）たり…」と一度言ったら、そのあとも必ず「～（し）たり」としなければならない、と聞いたことがあります。「たり」は単独では使えないのでしょうか。

A

「～たり～たりする」という言い方ができる場合には、後ろの「～たりする」を省くと、据わりのよくない言い方になることがあります。ただし例外も多いので、いろいろな言い方を吟味しながら、その場に一番ふさわしい表現を見つけるようにしましょう。

「たり」が単独で表れることはよくあります。たとえばこのような言い方です。

▼ご飯を食べたりする時間もない。

ここで、「〜たりする」となっているところに注目しておいてください。この形なら、単独で使っても問題はないのです。

また、この文には、頭のほうに「〜たり」を並べて「例示」を増やすことができます。

▼トイレに行ったり、ご飯を食べたりする時間もない。

▼テレビを見たり、トイレに行ったり、ご飯を食べたりする時間もない。

ところが、最後の「〜たりする」を省くと、少々ぎこちない言い方になります。

▼トイレに行ったり、ご飯を食べる時間もない。

このようなことから、「〜たり」は単独では使えない（ただし「〜たりする」なら単独でもOK）というように言われることがあるのです。

では、次のような表現は「間違い」でしょうか。

「愛にはぐれたり　淋しさが涙に負けそうな時は　思い出して　みんなひとりきりじゃないと」（菊池桃子「Say　Yes!」売野雅勇作詞、1986年）

「去年の暮、僕の旅行中、Tという人の使いというのが来て、（中略）十五分もねばって、部屋の中をのぞいたり、うろつき廻って、女中を困らせた人物があったそうだ。」

（坂口安吾「西荻随筆」1949年）

1番目の例は歌謡曲の歌詞、2番目は作家が書いたものです。いずれも「…淋しさが涙に負けそうだったりする時は」「…うろつき廻ったりして」とはなっていません。ですが、1番目の歌のメロディーをご存じの方ならわかるかと思いますが（ぼくと同世代ですね）、これでは曲になりません。また文学作品でも、表現上の効果などから「～たりする」が使われていないものがたくさんあるのです。

「日本語では『～たり～たりする』という形になる傾向がある」というように覚えたりしておく程度が、無難なのではないでしょうか。

ことばの研究 17

「クーラー」？「エアコン」？

Q

「暑いからクーラーかけようか」と言ったら、一瞬、その場に寒い空気が漂いました。

A

部屋を冷房する設備の呼び名としては、このごろは「クーラー」よりも「エアコン」のほうが一般的になっているようです。ですが、「クーラー」が「死語」になったわけではありません。

まず「クーラー」は、文字どおり「冷やすもの」です。つまり、冷房機能のみを備えた装置のことを指すもので、暖房機能はありません。一方「エアコン」は「エアーコンディショナー」の略で、空気の温度や湿度を調整する機能がある装置です。冷房・暖房の両方ともできるのが一般的です。つまり、「クーラー」は冷房専用、「エアコン」は冷暖房両用というわけで、この2つはもともと違うものを指すことばです。

暖房に関して言うと、「エアコン」の暖房機能はかつてよりも進化してきています。冬でもストーブやこたつなどを使わないで「エアコン」だけで過ごすという家庭も多くなっています。「クーラー」ではなく「エアコン」を備える家が、多くなっているのです。

こうした事情もあって、ことばの上でも、冷房機能を備えた装置のことを「クーラー」ではなく「エアコン」と呼ぶことが多くなっているのだと考えられます。

「クーラー」と言うか、あるいは「エアコン」と言うかをめぐっては、年代差と地域差があります。全国調査の結果では、60歳以上の年代では「クーラー派」もある程度多いのですが、それより下の年代では「エアコン派」の勢力がかなり強くなっています。この背景には、装置としての「エアコン」の一般化が関係ありそうです。

またおおむね、関西・中国・四国・九州沖縄では「クーラー派」も多いのに対して、それ以外のところでは「エアコン派」が主流です。比較的温暖な関西・中国・四国・九州沖縄では暖房機能をそれほど使わないため実際に「クーラー」を備え付けている家も多いのに対して、冬にかなり寒くなる地域では暖房機能が必要なので「エアコン」を設置していると思われることが、関係しているのかもしれません。

これは、単に装置としての「エアコン」の普及状況の違いの反映にすぎないんじゃないのか、という考えもあるかもしれません。しかし、私たちはふだん、そこにある装置の機能が「冷房専用」なのか「冷暖房両用」なのかを考えない状況で「クーラー」あるいは「エアコン」と言っているのではないでしょうか。それなのに調査の結果このような年代差や地域差が出るということは、やはり「ことば」の問題としてとらえてもよいのではないかと思います。いかがでしょうか。だめですか？　ではちょっと頭を冷やしてきます。

「暑いから『エアコン／クーラー』をかける」

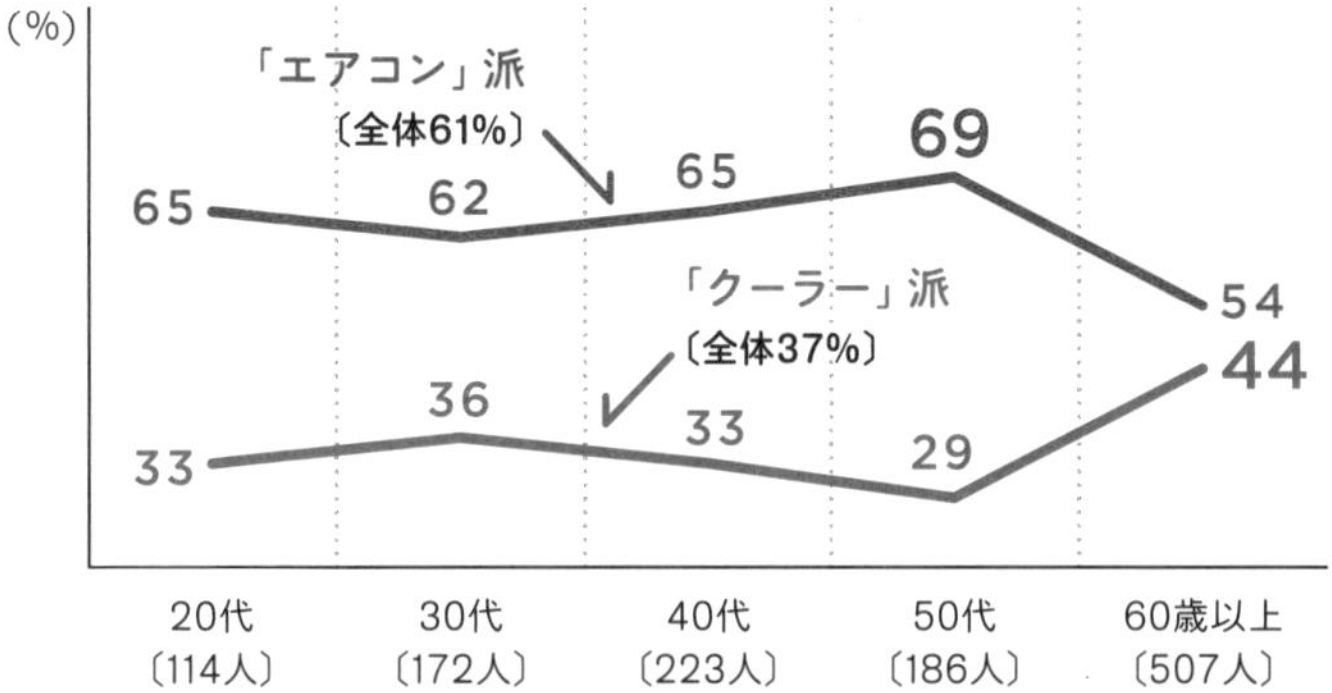

エアコン派：「エアコンと言う」＋「両方とも言うが、どちらかといえばエアコンと言うことのほうが多い」
クーラー派：「クーラーと言う」＋「両方とも言うが、どちらかといえばクーラーと言うことのほうが多い」

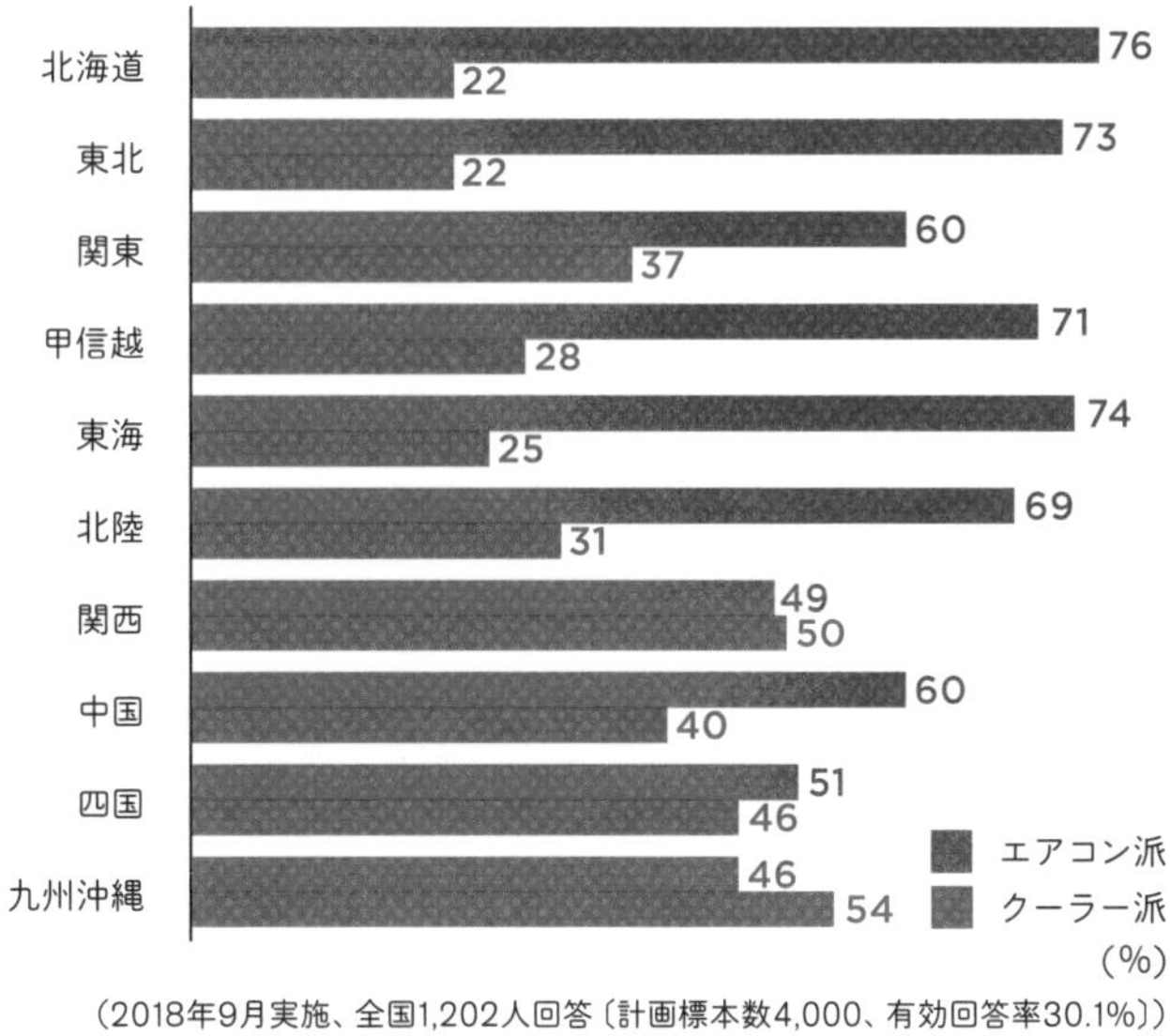

（2018年9月実施、全国1,202人回答〔計画標本数4,000、有効回答率30.1%〕）

ことばの研究

18

「北京市郊外」は北京市の中？ 外？

Q

「北京市郊外」と言った場合、その場所は北京市の中にあるのでしょうか。あるいは、北京市ではない地域になるのでしょうか。

A

「郊外」という漢字のもともとの意味を考えると、その市よりも外の地域であるということになりそうです。ただし、現代での使われ方や調査結果などを見ると、その市内の外《はず》れのことを指す場合も多く、必ずしも断言はできません。

「郊」という漢字には、「都市周辺の付属地」あるいは「他都市と接する境界のところ」という意味があります。いずれにしても、「郊外」となった場合には「郊」の「外」ですから、その都市の中の地域を表すことにはなりません。

アンケートの結果からは、「郊外」ということばの意味が変化しつつあるというように考えることができるかもしれません。なぜこのような変化が出てきたのでしょうか。

日本の「江戸」は、かつては非常に狭い地域でした。それが「東京」となり、周辺の地域（＝郊外）をどんどん飲み込んでゆくような形で拡張を続けてきました。行政上の「東京」がかなり広いものになった現在、「東京の郊外」は必ず東京都の外でなければならないという意識は薄まっているのではないでしょうか。また、これと同じようなことが近年の市町村合併によって全国でも起こっていて、こうしたことを通して「郊外」という単語そのものの意味も変わり始めたのかもしれません。

北京市の「郊外」にある○○という町は……

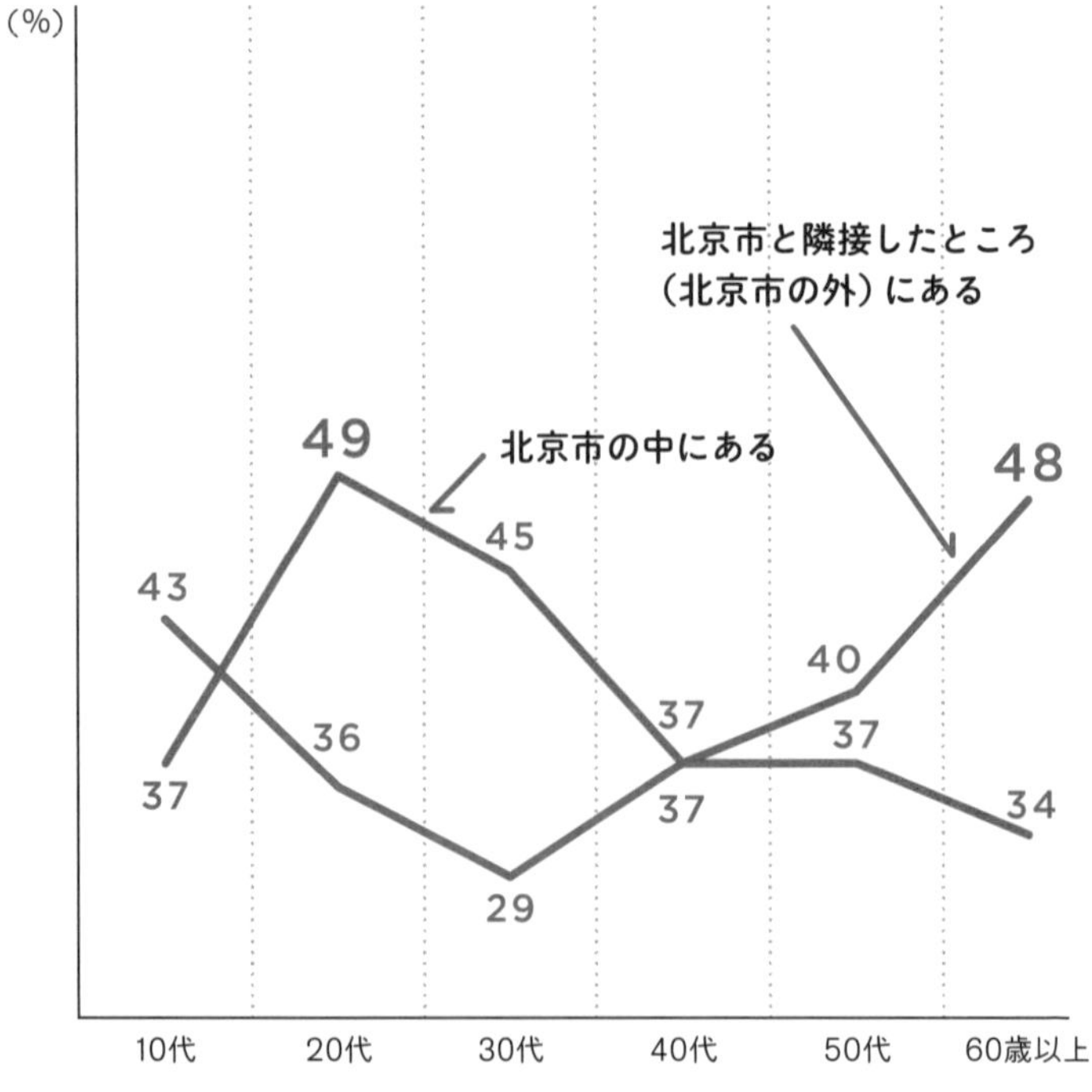

比較的年配の人たちの間では「北京市と隣接したところ(北京市の外)にある」というように考える傾向が強いのに対して、20代では「北京市の中にある」ととらえる割合が特に大きいのです。

(2010年1月～2月実施、NHK放送文化研究所ウェブアンケート、585人回答)

Chapter 3

どうする日本語

どうにもならないわけじゃない

ことばの研究

19

ワクチンを「接種する」「接種してもらう」?

Q

「病院に行ってワクチンを『接種する』『接種してもらう』」、どちらが正しいのでしょうか?

A

どちらも問題ありません。「(予防)接種」はお医者さんがおこなう行為なので、それを受ける側は「(医師から)ワクチンの接種を受ける」とか「(医師に)ワクチンを接種してもらう」などとすべきだという考えもありますが、一般的には「ワクチンを接種する」でも誤解が生じることはありません。むしろ、「ワクチンを接種してもらう」のほうがかえって落ち着かないと感じる人も少なくないようです。

「あ、髪の毛切った?」という言い方があります。これはおかしいでしょうか? 前髪くらいなら自分で切ることもあるでしょうが、普通は、理髪店や美容院に行ったり、あるいは家族などに「髪の毛を切ってもらう」ものだと思います。ですが、その事実をことばで言い表す場合、「髪の毛切ってもらった?」とか「髪の毛切らせた?」などと言うと、かえっておかしく感じられることのほうが多いのではないでしょうか。

「家を建てた」はどうでしょう。家を自分の手で一から建てる人はまずいなくて(ときどきいますが)、普通は大工さんや建築業者に依頼して「建ててもらう」ものです。しかし、自分で費用を負担した場合には「家を建てた」と言いますよね。

「ワクチンを接種する」も、これらと同じです。実際の行為としては、右手に注射器を持って自分の左腕に注射するようなものではないのですが、それをことばで言い表す場合には「接種する」で差し支えありません。

「ワクチンを「Ⓐ接種してきた/Ⓑ接種してもらってきた」」について調査をおこなってみました。全体としていちばん多い回答は「Ⓑはおかしい(Ⓐはおかしくない)」なのですが、その結果を年齢別に見ると、次のようなことが言えます。
▼20代から60代までの年代では、「両方ともおかしくない」と「Ⓑはおかしい（Ⓐはおかしくない）」の回答が、だいたい同じぐらいの割合である
▼一方、70代と80歳以上では、「両方ともおかしくない」が比較的少なく、「Ⓐはおかしい（Ⓑはおかしくない）」が比較的多くなっている

つまり、70代以上の層では、（医師の側でもないのに）「ワクチンを［接種してきた］」と言うのはおかしいと考える人の割合が、全体平均と比べるとやや多いのです。

また、自分の歯の治療を自分でする人はごくまれでしょう。この「治療してきた／治療してもらってきた」というペアについても同時に調査をおこなってみたのですが、「接種」と同様に、高齢層では（医師の側でもないのに）「治療してきた」と言うのはおかしいと考える人の割合が、全体平均と比べるとやや多くなっていました。

先日、新しいめがねを作りました。もちろん、ぼくが自分で手作りをしたらそれはひどいものになること間違いないので、めがね店で作ってもらったものです。

ワクチンを「A 接種してきた／B 接種してもらってきた」
（年代別）

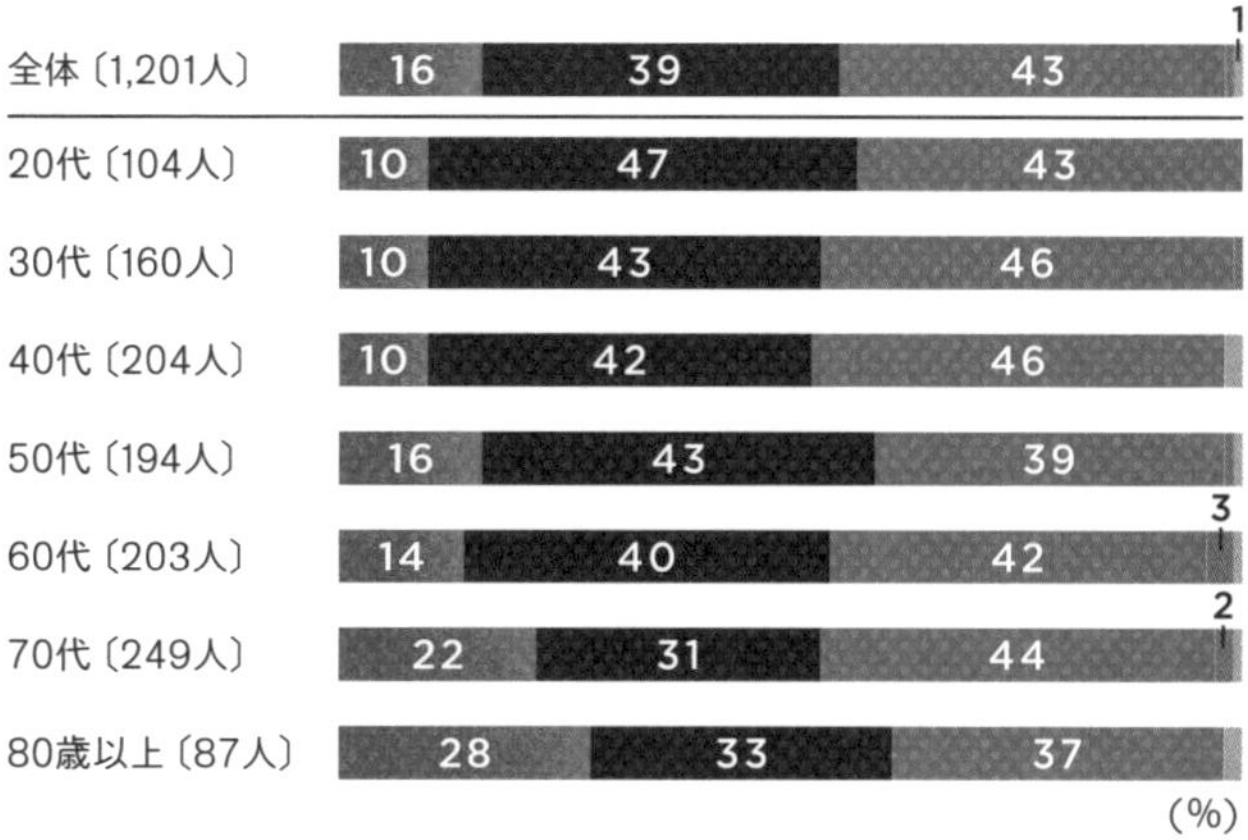

歯医者さんで「A 治療してきた／B 治療してもらってきた」
（年代別）

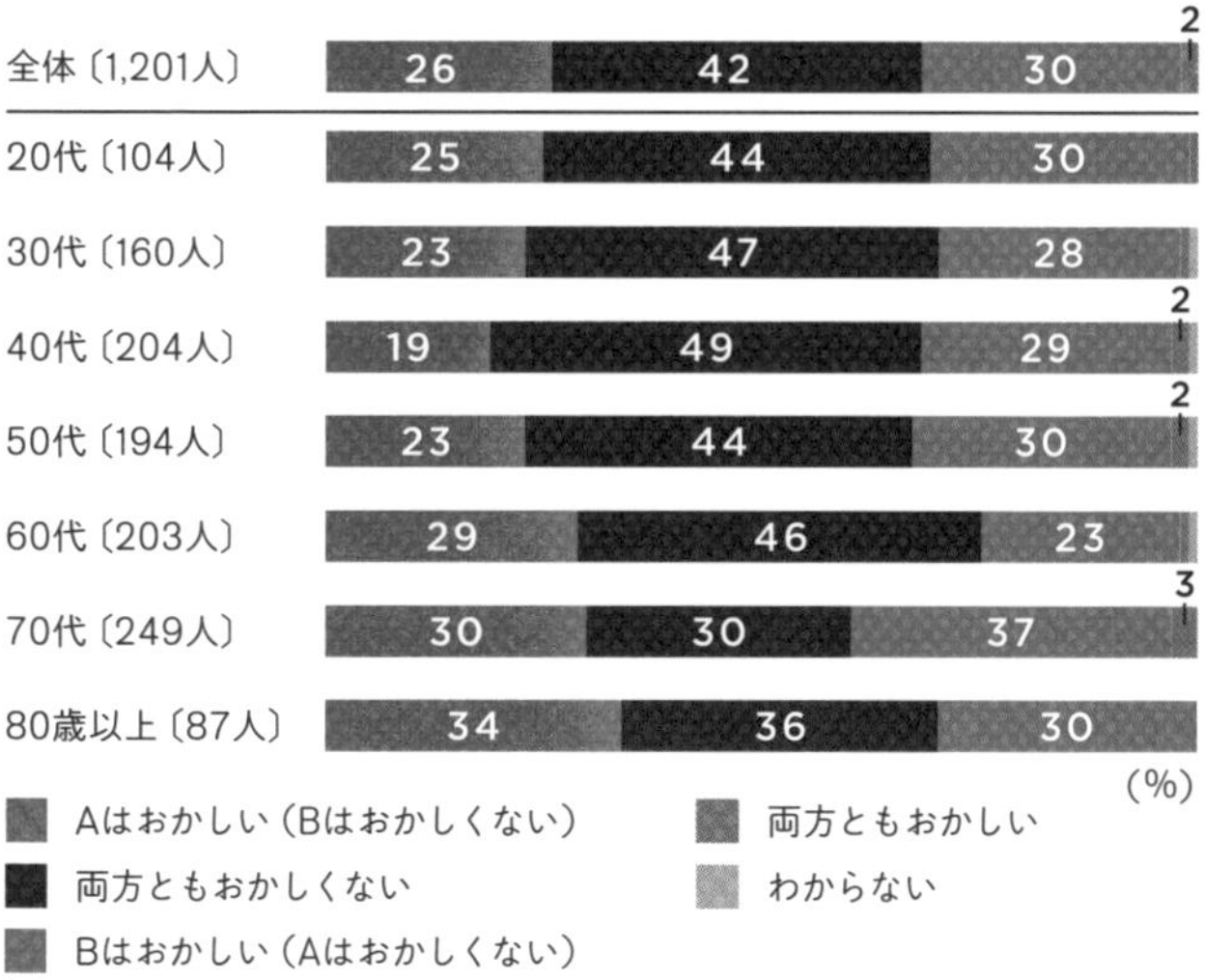

（2021年6月実施、全国1,201人回答〔計画標本数4,000、有効回答率30.0%〕）

ことばの研究 20

新型肺炎の「終息」？「収束」？

Q

新型肺炎の「シューソク宣言」は、「終息」でしょうか、「収束」でしょうか。

A

この場合は「終息宣言」です。「終息」と「収束」とは非常に意味が近いのですが、使い分ける必要があります。

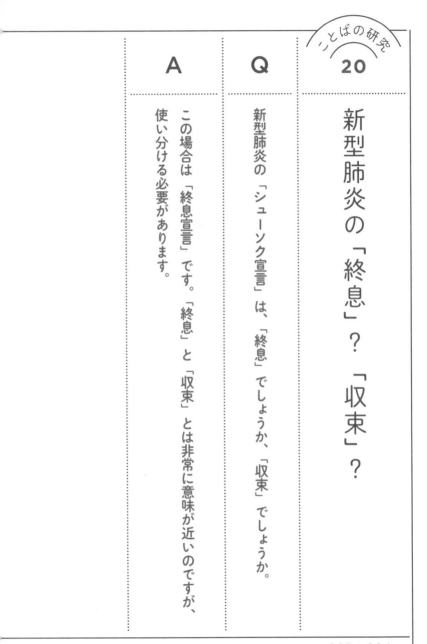

まず「終息」についてお話しします。「終」は文字どおり「終わる」という意味ですが、「息」という漢字にも「止《や》む」という意味があります。つまり「終息」は、似た意味の漢字を2つ重ね合わせて「完全に終わる」という意味になっていると考えることができます。

次に「収束」について説明します。これは「収まる」「束ねる」ということから、「(状況・事態などが)ある一定の状態に落ち着く」という意味になっています。普通、「(たとえば新型肺炎の)問題・感染状況」などについて使うことが多く、「新型肺炎」といった病気自体が「収束する」という言い方(書き方)は、あまりしません(なお、似たことばとして「集束」というものもありますが、これは「光の束が一か所に集まること」を意味する、物理学の専門用語です)。

ここから、新型肺炎の「完全制圧」の場合には「終息」、(完全制圧ではないにしても)新型肺炎に関する(社会的)状況などがかなり落ち着いてきた場合には「収束」、ということになります。

「宣言」する場合には一般に「完全制圧」でしょうから、「新型肺炎終息宣言」なのです。

一方、次のような場合には、表記としては「終息・収束」のどちらもありえます（意味はそれぞれ異なることに注意）。


「A国では感染の広がりがシューソクに向かっている。」

「（新型肺炎の問題が）シューソクすればA国を訪問する。」

「（新型肺炎の問題が）早くシューソクしてほしい。」


もうおわかりかと思いますが、「終息」は「完全制圧」であるのに対して、「収束」の場合には、ほぼ事態が収まっていることを意味します。

ことばの研究 21

それは「復縁」で問題ない？

Q

「別れた人と復縁した」という言い方は、おかしいのでしょうか。

A

「復縁」は、伝統的には、一度離婚した二人があらためて結婚する場合について使ってきました。現代では、かつて彼氏・彼女の関係だった場合について用いることが増えています。このような使い方は間違いとまでは言えないかもしれませんが、抵抗を感じる人も多いので、注意が必要です。

たとえば、ストーカーの事件を取り上げるときに「容疑者は復縁を迫り、…」といったような言い方をすると、多くの人は「この二人はもとは夫婦だった」と解釈します。これが事実ならかまわないのですが、単に交際していただけであれば「よりを戻そうと」「またつきあってほしいと強く訴え」など、別の言い方をしたほうがよいでしょう。

国語辞典の「復縁」の項では、「離縁した夫婦・養子が、またもとの関係にもどること。」（『新明解国語辞典（第八版）』）といった説明がなされています。

「私があなたにほれたのは　ちょうど十九の春でした
いまさら離縁と言うならば　もとの十九にしておくれ」
（「十九の春」沖縄民謡）

この有名な歌は、メロディーは明るいですが歌詞の内容はかなり深刻で、また相当無茶なことを注文しています。このように「離縁」「復縁」は、かなり重い意味を持つことばだったと言えます。

A「むかし結婚していた相手と、【復縁】をした」
B「むかしつきあっていた相手と、【復縁】をした」

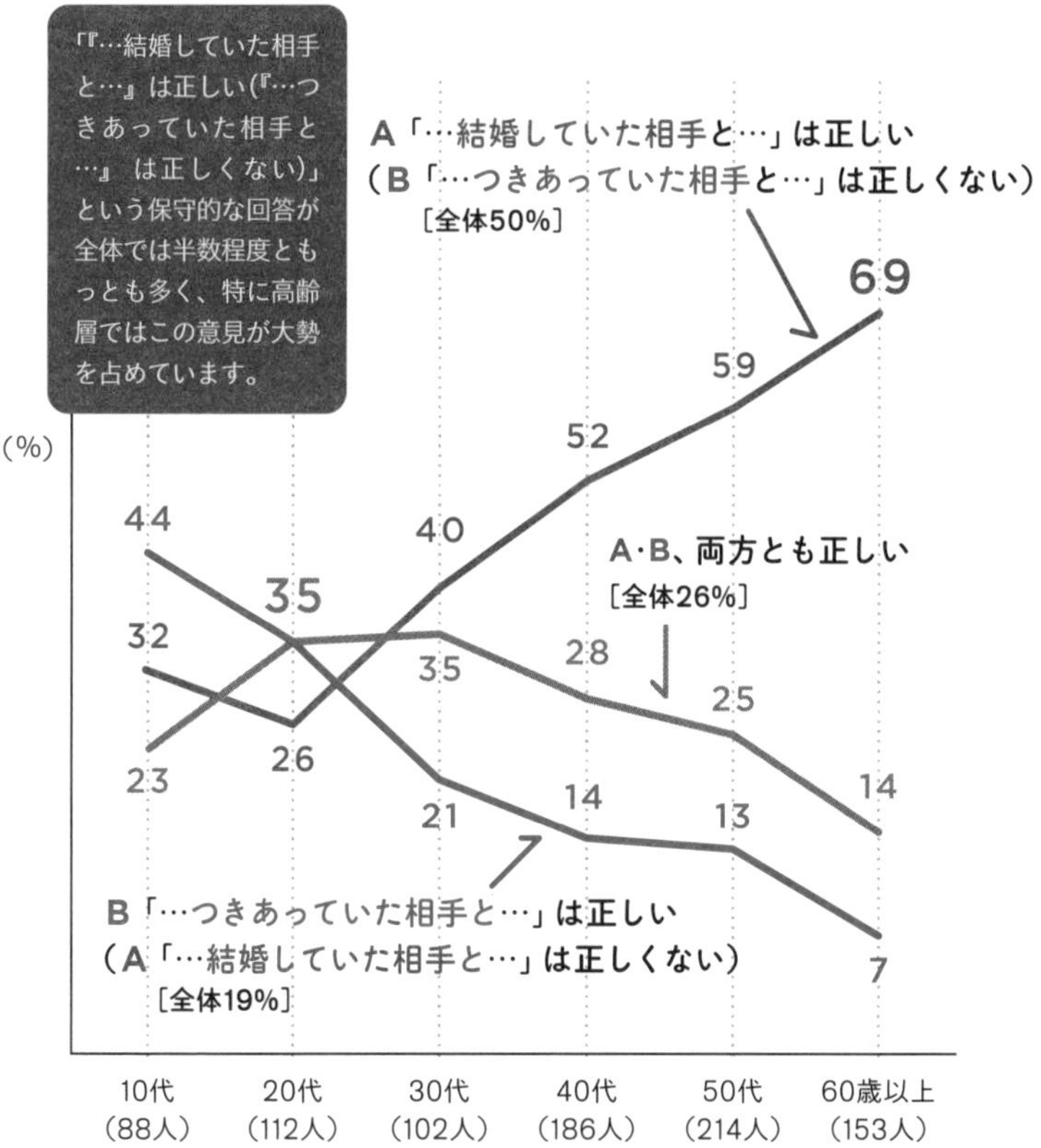

(2014年2月〜3月実施、NHK放送文化研究所ウェブアンケート、855人回答)

ことばの研究

22

「お冷や」はどこから来たのか

Q

冷たい水のことを「お冷や」と言うのは、一般的ではない言い方なのでしょうか。

A

一般的な言い方ですが、飲食店に行ったときに限って言う（自分の家では言わない）という人が、かなり多いのが現状です。

「お冷や」は、「冷たい飲み水」のことを指すことばですね。「女房詞《にょうぼうことば》」と言って、むかし宮中などに仕えた女房〔＝女官〕の間で使われていたいろいろな単語があるのですが、「お冷や」はこの「女房詞」に由来します。特に食べものなどに関することばを、別の言い方にしたものが多く含まれます。

女房詞の作り方にはいろいろなパターンがあるのですが、その一つに、ある語の頭に「お」を付けたうえで、場合によっては後ろの部分を省略する、というものがあります。現代語にも引き継がれているものとしては、たとえばこのような例が挙げられます。

冷やし（水）⇒ お冷や　　田楽《でんがく》 ⇒ おでん
強飯《こわめし》 ⇒ おこわ
むすび〔「むすぶ」は握り飯を作る動作〕⇒ おむすび
もてあそびもの ⇒ おもちゃ
つむり〔＝「頭」〕⇒ おつむ　　襁褓《むつき》 ⇒ おむつ

いしい〔＝「よい、うまい」〕 ⇒ おいしい

鳴らし ⇒ おなら

さて「お冷や」に戻ると、これは女房詞では「（飲むための）冷やした水」全般を指していたのでしょうが、現代では、「外食のときに使うことば」というようなニュアンスが強まりつつあるようです。「お冷や」ということばについて尋ねてみたところ、「飲食店に行ったときには言うが、自分の家では言わない」という人が61％ともっとも多くなっていました。そして年代差が見られ、このように考える傾向はおおむね若い人ほど強いことがわかりました。

「『お冷や』と『おにぎり』もいいが、たまには『冷や』と『にぎり』でいきたい」というような粋な言い回しを聞いたことがあります。このように、現代語では「お」のありなしによって違うものを指す場合もあります（例「（お）飾り、（お）代わり、（お）かんむり」）。

以上、わかりやすいとはお義理にも言えない書き方でしたが、そろそろお手上げです。お粗末さまでした。

「お冷や」ということばは……

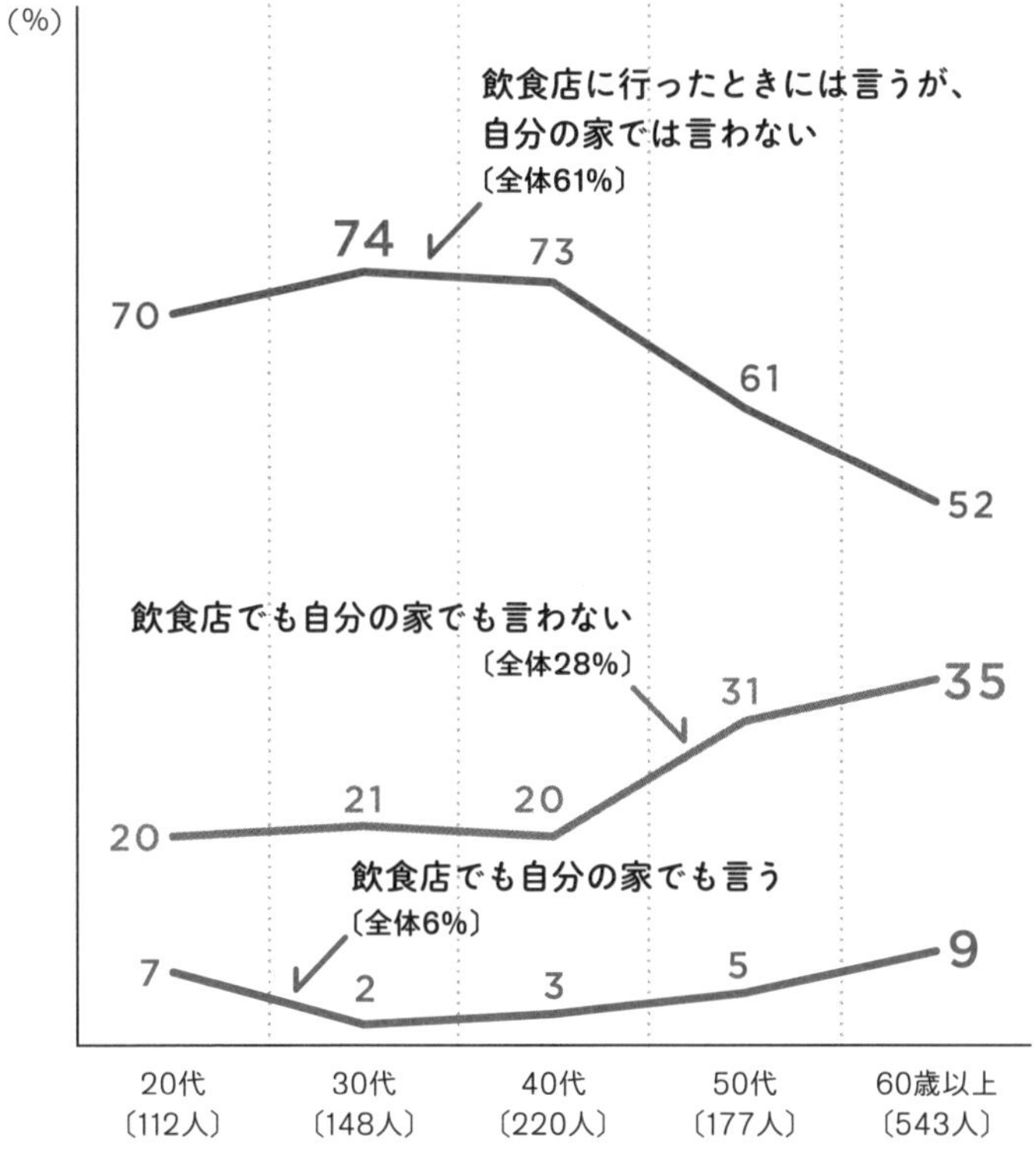

（2021年9月実施、全国1,200人回答〔計画標本数4,000、有効回答率30.0%〕）

ことばの研究

23

「エリザベス女王」の読みは？

Q

「女王」を「ジョーオー」と読んだら、間違っていると指摘されました。

A

「ジョーオー」と言う人もいますが、「ジョオー」が正しいということになっています。女は「ジョ」、王は「オー」としか読まないから「ジョオー」なのだ、と言ってしまえばそれまでなのですが、実は事態は少々複雑なのです。

日本語の二字漢語（漢字二字からなる音読みのことば）の中には、それぞれの漢字どおりの読み方をしないものが例外的にいくつかあります。

夫＋婦＝夫婦（フーフ）　　詩＋歌＝詩歌（シーカ）

女＋房＝女房（ニョーボー）　披＋露＝披露（ヒロー）

それぞれの漢字をそのまま読んだとしたら「フフ、シカ、ニョボー、ヒロ」となるはずです。しかし、もとの漢字にはない長音（ー）が入っています。「女王」を「ジョーオー」と言うのも同じことなのですが、なぜ「フーフ」はよくて「ジョーオー」はだめなのでしょうか。「フーフ、シーカ、ニョーボー、ヒロー」などは、歴史的に見て少なくとも江戸時代より前からこのように読んできた、ということがわかっています。それに対して「女王」を「ジョーオー」と読む人が出てきたのは、日本語の長い歴史の上で見れば比較的最近のことだと考えられます。そのため、放送では伝統的な「ジョオー」を使うことにしているのです。

以上のことは「別の音を付け加えた」例です。これとはちょうど逆に、「体育、体育館」の「イ」を一つ落として「タイク、タイクカン」と発音する人も多いでしょうが、これも放送では「タイイク、タイイクカン」と言うことになっています。

ことばの研究 24

目指すのは、平和？和平？

Q

「平和」と「和平」とは、どのように違うのでしょうか。

A

意味の面と、文法的な役割の面で違いがあります。「平和」は「戦争がない状態」を指すのに対して、「和平」は「戦争がない状態にする」ことを表します。

まず意味の面について考えてみましょう。「平和」は、戦争や災害などがなく穏やかな「状態」を指します。一方「和平」は、悪い状況から平和な状態になること、または平和な状態にすること、という「状態の変化」を表します。

この意味の違いは、複合語を作るときに「平和」と「和平」のどちらを使うか、ということとも関連してきます。たとえば、

〇〇主義、恒久〇〇、……

などは「平和」がふさわしく、

〇〇交渉、〇〇工作、……

などは「和平」が用いられるのが一般的です。

次に文法的な役割の面について説明すると、状態を示す「平和」のほうは、「平和な国」というように「〜な」という形（形容動詞の連体形）をとることができますが、状態の変化を表す「和平」は「和平な国」という言い方はできません。

「平和」と「和平」のように、漢字の順序が異なることばのペアは、日本語にはたくさんあります。そして、そのほとんどがそれぞれ違う意味を表します。

たとえば「材木」というのは木を一定の長さ・大きさに切った「具体的なもの」であるのに対して、「木材」は材質が「木」であるというところに焦点が置かれています。「木材からパルプを作る」とは言えますが、「材木からパルプを作る」とは普通言いません。

また「近接」というのは「すぐ近くにあること」という「状態」を示すのに対して、「接近」は「すぐ近くに行くこと」という「状態の変化」を表します。この違いは、「平和」と「和平」のペアとよく似ていますね。

頭の体操も兼ねて、次のことばを上下逆転させるとどのように意味が違ってくるか、考えてみてください。中には、細微な（微細な？）違いしかないものもあります。

「愛情・育成・移転・異変・運命・鋭気・栄光・液体・演出・王国・王女・会議・外国・会社・階段・害虫・回転・解読・外部・格別・学力・楽器・観客・感触・間食・奇数・急性・牛乳・制圧・……」

ことばの研究 25

「世界一の治安」は正しい？

Q

「世界一の治安を誇る日本」という言い方は、おかしいのでしょうか。

A

現状では、「世界一の治安のよさを誇る日本」のように〝〜のよさ〟を入れておいたほうが、受け入れられやすいようです。

ウェブ上で、「世界一の治安を誇る日本」と「世界一の治安のよさを誇る日本」を比較する形で、アンケートをおこなってみました。

その結果、一番多かった回答は、「世界一の治安のよさ…」は正しいが「世界一の治安…」はおかしい、というものでした。そしてこの回答の割合は、若い年代になるほど多くなっていました。ここから、「世界一の治安のよさ」が好まれる方向に変化しつつあることがうかがわれます。


「治安」は「安らかに治めること、治まった結果安らかであること」といった意味の漢字から成り立っていますから、もともとは「治安」だけで「よい状態」のことを表せたものと思われます。これが、その後「治安」単独では必ずしも「よい状態」のみを示すとは限らないという形に意味が変化してきたのではないでしょうか。「世界一の治安のよさ」のほうを支持する人が若い年代により多いのは、こうした事情があるような気がします。

このように、「治安」は「それだけでプラスの意味を表すもの」から「中立的な意味を表すもの」に移ってきたと考えられます。ことばの変化にはこれとは逆のものもよくあって、たとえば「しあわせ」や「天気」などは「中立的な意味」から「プラスの意味」へと用法を広げてきたものです。

まず「しあわせ」は古くは「めぐり合わせ・運命」を表していて、「しあわせがよい、しあわせが悪い」といった言い方もなされていました。これが、「しあわせだ」だけで「プラスの意味」になったものです。

また「天気」は、現代でも「気になるあすのお天気ですが」のように「中立的な意味（＝いいものも悪いものもある）」がある一方で、「あしたはお天気になるといいね」のように、「プラスの意味（＝晴れ）」でも使われるようになっています。

そうすると、「あしたのお天気はお天気かな？」と言ってもいいように思ってしまうのですが、あ、やっぱりだめですか。そうですか。能天気な発想でしたね。

世界一の治安（のよさ）……

A「世界一の治安を誇る日本」

B「世界一の治安のよさを誇る日本」

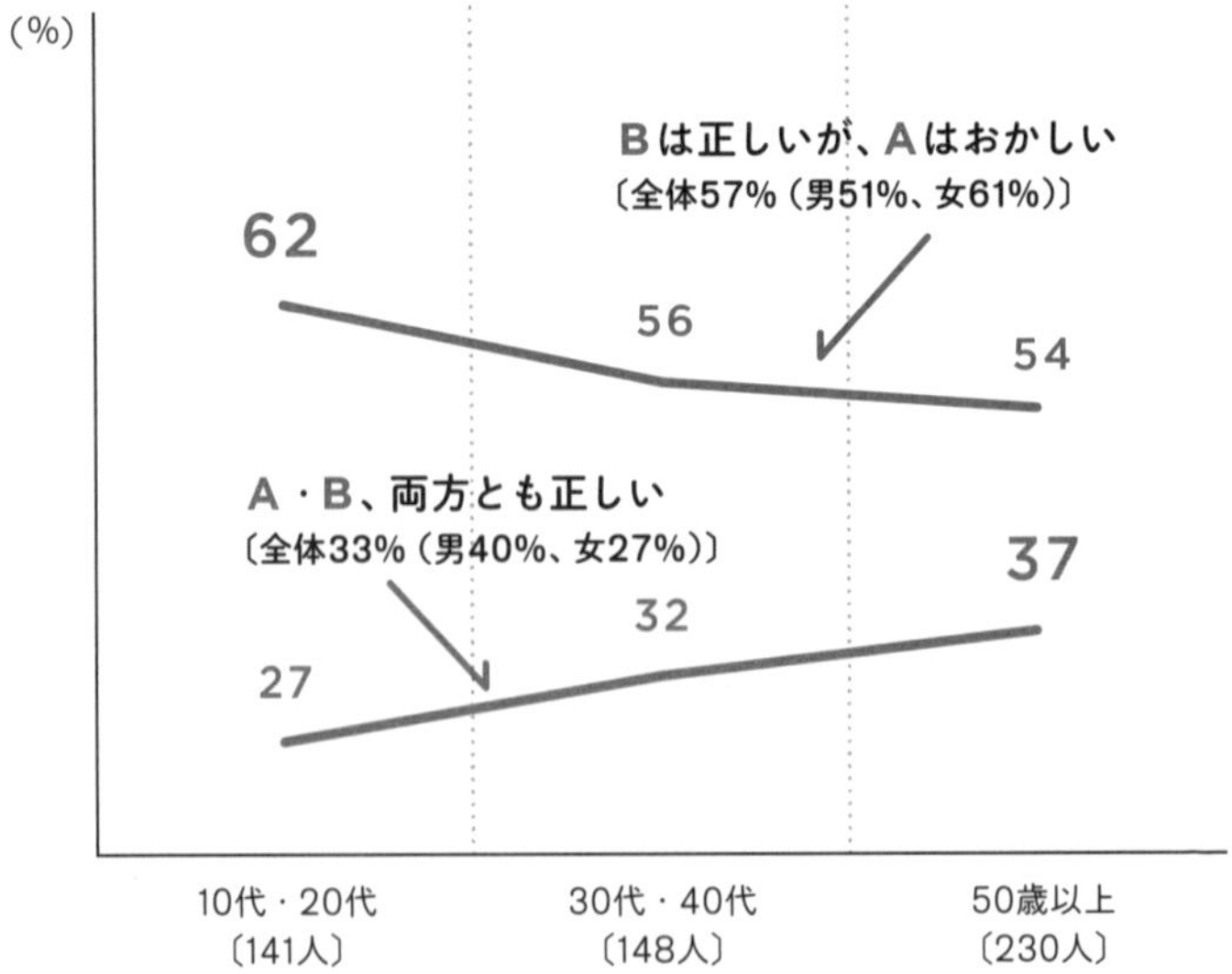

「しあわせ」や「天気」などと同じような意味変化を起こしているものとして、「評価(を)する」(「よい評価をする」の意味にも)、「結果を出す」(「よい結果を出す」の意味にも)などもあります。

（2015年12月～2016年1月実施、NHK放送文化研究所ウェブアンケート、519人回答）

Chapter 4

時をかける日本語

時間との戦い

ことばの研究 26

「初老」の平均年齢

Q

「初老」ということばは、何歳ぐらいの人のことを指すのでしょうか。

A

かつては、40歳ぐらいの人のことを指していました。ただし寿命が長くなった現代では、「初老」が当てはまるのは「60歳ぐらいから」や「65歳ぐらいから」「70歳ぐらいから」と考える人が多いのが現状です。

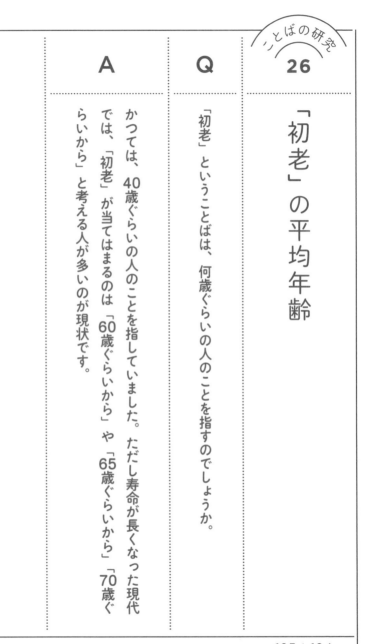

日本には、「還暦」「古希」など、一定の年齢に達した人の長寿を祝うならわしが昔からあります。奈良時代には10年ごとに祝っていたのですが、その最初のお祝いが40歳で、これを「初老」と呼んでいました（『日本風俗史事典』（弘文堂）の「年賀」「賀の祝」の項）。

終戦ごろまでは、次のような文章に見られるように、「初老」が40歳のことを指すという意識はある程度一般的であったようです。

「私は先日の手紙に於いて、自分の事を四十ちかい、四十ちかいと何度も言つて、もはや初老のやや落ち附いた生活人のやうに形容してゐた筈でありましたが、はつきり申し上げると三十八歳、けれども私は初老どころか、昨今やつと文学のにほひを嗅ぎはじめた少年に過ぎなかつたのだといふ事を、いやになるほど、はつきり知らされました。」（太宰治『風の便り』１９４２（昭和17）年）

その後、日本人の平均寿命が長くなるのと連動して、「初老」に対する意識も大きく変わりました。

調査をおこなった結果では、「初老」は「60歳ぐらいから」の人を指すことばであるという意見が3割程度、「65歳ぐらいから」が2割5分程度、「70歳ぐらいから」が2割程度を占めていました。すべての回答から「平均年齢」を算出してみると（「何歳でも」という回答は除外）、計算上は、「初老」は「62歳8か月ぐらいから」の人を指すことばだという結果になりました。※

国語辞典で「初老」を引いたところ、「肉体的な盛りを過ぎ、そろそろからだの各部に気をつける必要が感じられるおよその時期〔もと、四十歳の異称。現在は普通に六十歳前後を指す〕」と書かれていました（『新明解国語辞典（第八版）』）。本来の意味での「初老」をかなり過ぎた私は、この辞書の記述に諭されました。

「初老」は、何歳ぐらいから?

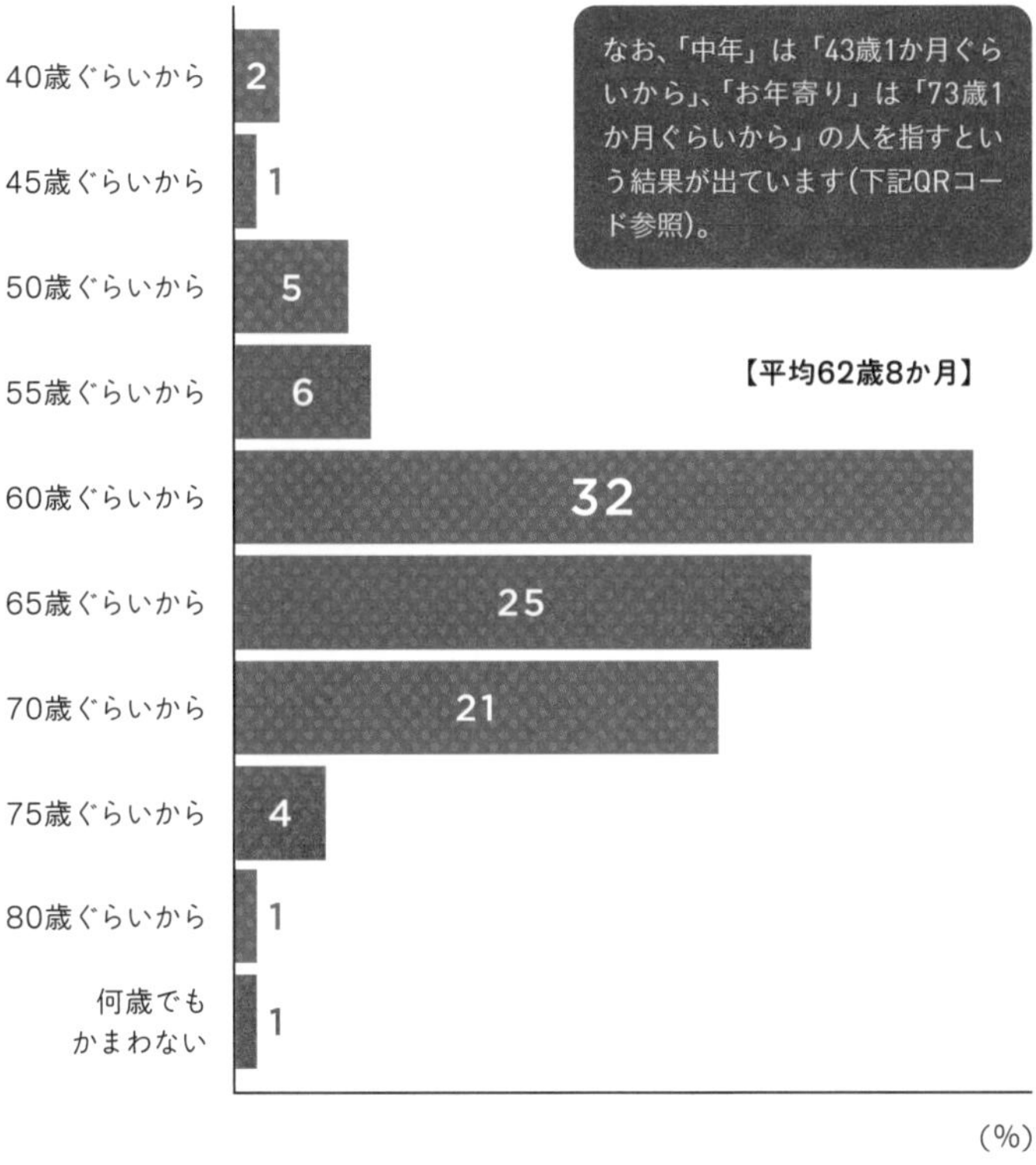

なお、「中年」は「43歳1か月ぐらいから」、「お年寄り」は「73歳1か月ぐらいから」の人を指すという結果が出ています(下記QRコード参照)。

(2017年3月調査、全国1,208人回答
〔計画標本数4,000、有効回答率30.2%〕)

※塩田雄大(2017)
「"高齢者は,72歳7か月からである"」
『放送研究と調査』
第67巻第12号

ことばの研究

27

「会ったのは去年ぶり」？

Q

「会ったのは去年ぶりだ」というのは、言い方としておかしいのでしょうか。

A

こうした言い方は会話ではよく使われていて、ごく最近になって現れたということでもないのですが、「おかしい」と感じる人も多いので、少し注意が必要です。

「ぶり」は、もともと「一定の時間・期間が経過した」ことを表します。幅を持った時間・期間です。（例「会ったのは一年ぶりだ」〔＝「一年」という時間・期間が経過している〕）

それに対して、「会ったのは去年ぶりだ」というのは、「最後に会ったのは去年で、その時点から現在までまったく会っていない」ということを表そうとした言い方です。同じタイプの言い方として、このような実例があります。

「卒業式ぶりの小池は　シャレたシャツを着ちゃって
とんがった髪型も　ちょっとイケてるかもね」
（ＡＫＢ48（Team A Ver.）「小池」秋元康作詞、２００７年）

「久し振りね、いつ振りかしら。」
「いつ振りかしら、レコーディング振りかしら。」
（ＮＨＫラジオ第一「若いこだま」（１９７６・５・６放送）での司会のサンディー・アイさんとゲストのリリィーさんとの会話〔「耳」『言語生活』２９８（１９７６・７）掲載の読者投稿〕）

この「去年」や「卒業式」「いつ」「レコーディング」は、幅を持った時間・期間ではなく、「時間軸上のある一点・ポイント」のようなものだと言えます。

「幅を持った時間・期間」というのはたとえば「5時間」などのような「時間」であり、一方「時間軸上のある一点・ポイント」は「5時ちょうど」などのような「時刻」に当たるものと考えるとよいかもしれません。これに当てはめると、「ぶり」の前に来るのは「時間」であるのが本来で、「時刻」は一般的ではない、ということになります。

例　「5時間ぶりに救出された」／?「5時ぶりに救出された」

「5時ぶりに…」という言い方は、「5時に何かの事故にあって、その後数時間たってやっと救出された」という意味で使ったものだとしても、聞いた人に違和感を与えてしまう場合が少なくないのです。

調査をした結果では、「会ったのは［去年ぶり］だ」という言い方もおかしくないという回答が若い年代になるほど多くなっていましたが、どの年代でもいちばん多い回答は「「1年ぶり」はおかしくないが［去年ぶり］はおかしい」でした。

またこの「ぶり」は、その期間が心理的に決して短いものではなかった（＝やっと〜できた、待ちに待った）というニュアンスを帯びることがよくあります。

カレー好きのぼくは、よく「24時間ぶりのカレーだな！」と独り言を口にしています。

A 会ったのは［1年ぶり］だ
B 会ったのは［去年ぶり］だ

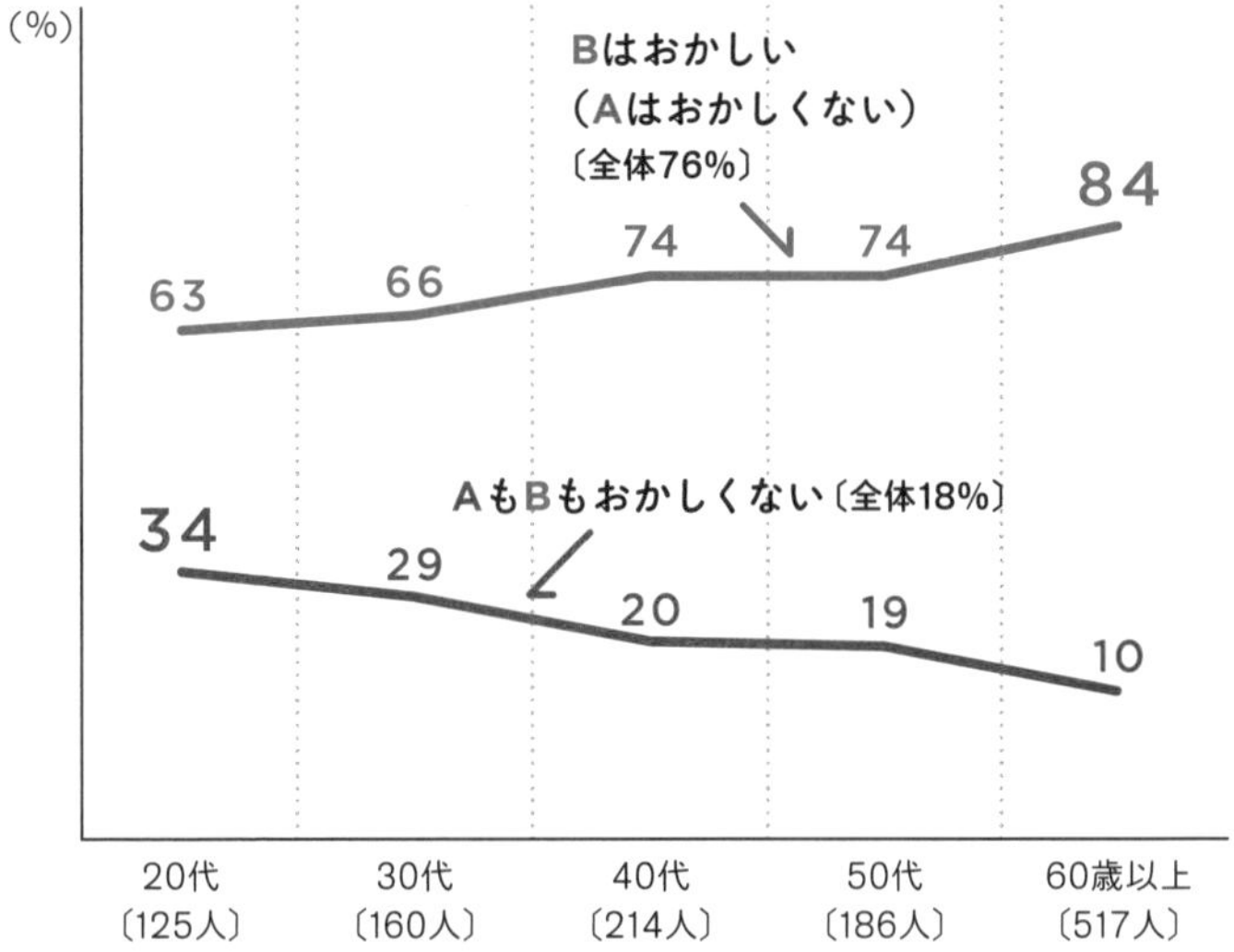

「会ったのは去年ぶりだ」は、「最後に会ったのは去年だ」などのように言いかえると意味としては同じになります。しかし、おそらくそれではニュアンスがうまく伝わらないと感じる人がいることもあって、この言い方が少しずつ一般的になりつつあるのかもしれません。

（2020年9月実施、全国1,202人回答〔計画標本数4,000、有効回答率30.1%〕）

ことばの研究

28

「週末」っていつのこと？

Q

金曜日は、「週末」に含まれるのでしょうか。また、日曜日はどうでしょうか。

A

「週末」が具体的に何曜日のことを指すと考えるのかは、人によってかなり異なります。そのため、厳密さ・正確さが求められるような場合には、「週末」ではなく別の言い方をすることも考えてみたほうがよいでしょう。

まず、『ＮＨＫことばのハンドブック（第２版）』（２００５年）の「週末」の項（ｐ・１００）では、このように示しています。

「週末」は、指す範囲があいまいなので、注意する。

①土曜日
②土曜日と日曜日
③金曜日の夜から月曜日の朝まで

「週末」が実際にはどのように解釈されているかについては、１９９９年に全国調査をおこなったことがあるのですが、２０１８年にあらためて調査してみました。

まず全体の結果を見てみると、「週末」は「土曜日と日曜日」を指すという回答が半数近くを占めて主流派になってはいますが、ほかの回答も決して少なくありません。「週末」の解釈は一様ではないことがわかります。

またこれらの回答を整理して、「金曜日は『週末』に含まれる（＝金曜日のみ＋金曜日と土曜日＋金曜日の夜から日曜日の夜まで）」「日曜日は『週末』に含まれる（＝土曜日と日曜日＋

日曜日のみ＋金曜日の夜から日曜日の夜まで」」という形にまとめ、それを年代別・男女別に見てみると、こんな違いが表れてきます。

▼全体として高齢層では、金曜日および日曜日が「週末」に含まれるという人が、それぞれ必ずしも多くない（「含まれる」の線が、いずれもゆるやかな右肩下がりになっている）

▼男性は金曜日を「週末」に含める傾向が強く、女性は日曜日を「週末」に含める傾向が強い

日曜日を「週末」に含めないという考え方もあるのは、特に若い人たちにとっては意外に感じられるかもしれません。しかし、たとえば1週間の始まりを日曜日だととらえた場合には、日曜日は「週末」ではないことになるのです。

最後にとっておきのアドバイスを一つ、スーパーの「週末セール」は、金曜や日曜でも安いのかを、必ず確認してから行くようにしましょう。

「週末」とはどのような期間を表すか?

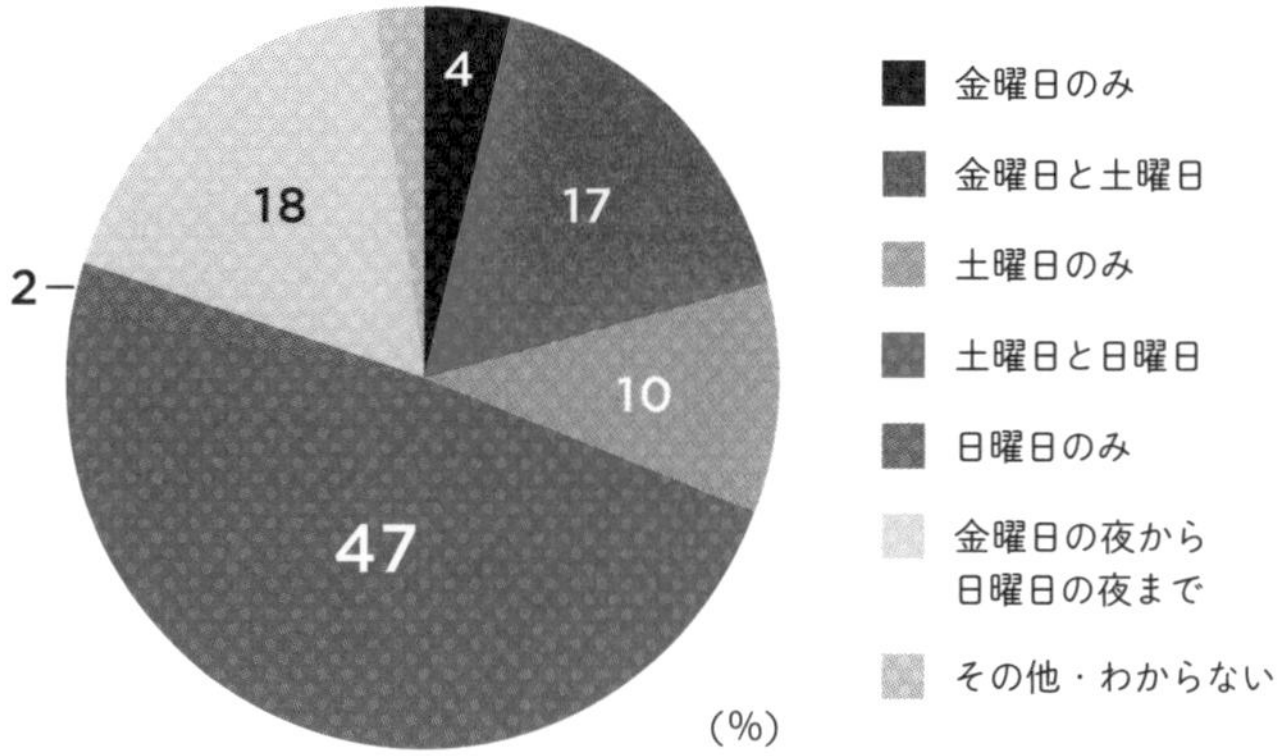

金曜日／日曜日は、「週末」に含まれるか？

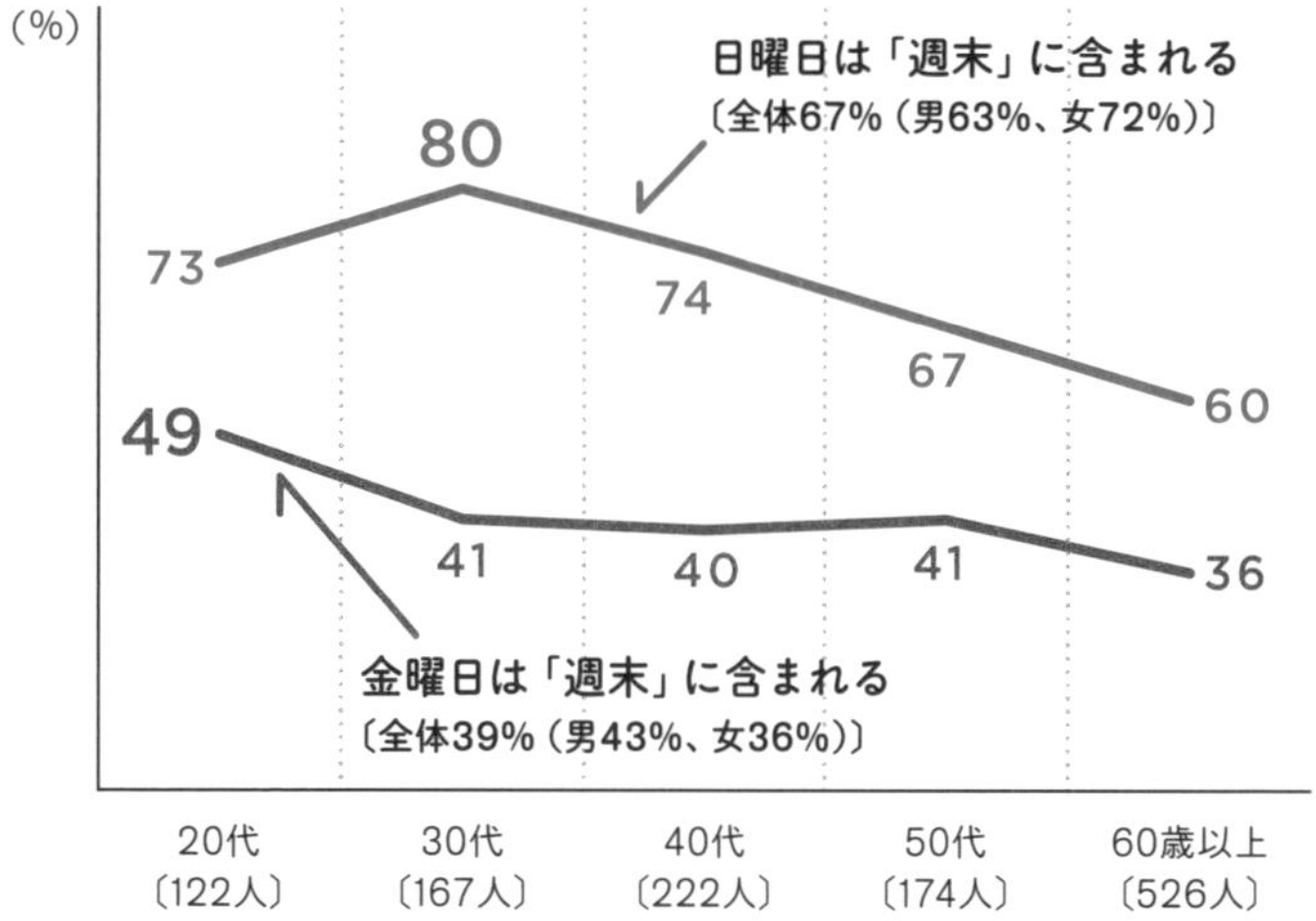

(2018年11月実施、全国1,211人回答〔計画標本数4,000、有効回答率30.3%〕)

ことばの研究 29

「8日以降に手続き」は、8日を含む？ 含まない？

Q

『8日以降に』手続きをしてください」と言った場合、手続きをしてよいのは、「8日から」でしょうか、「9日から」でしょうか。

A

厳密に言う場合には「8日から」が正しい解釈なのですが、日常のことばとしては「9日から」だと受け止める人もいるので、「以降」を使う場合には誤解が生じないように注意が必要です。

まず、「以降」に似たことばで「以上」、そして「以下」がありますが、これについて考えてみます。

算数や数学では、「以上」や「以下」は「その数字も含む」ということで定義されているのはよくご存じのことと思います。「5以上の数」「5以下の数」と言ったら、それぞれ、「5」を含みますよね。

一方、「含まない」ことを表すことばとしては、「未満」があります。「5以下の数」と言うと「5」も含みますが、「5未満の数」だと「5」は含みません。このように、「以下」と「未満」は、「その数を含むか含まないか」ということで、対応しています。たとえば、「18歳以下は無料です」と書いてあったとしたら、「18歳」の人は無料です。ですが「18歳未満は無料です」だと、すでに18歳になっている人、つまり満18歳の人は無料ではありません。

「18歳以下」：「18歳」を含む
「18歳未満」：「18歳」を含まない

では、「以上」に対応することばについてはどうでしょうか。「以上」は「その数を含む」ですが、これに対して「含まない」ことを表すことばは、「二字漢語（漢字2字からなることば）」では存在しません。あえて正確に言おうとすると、「18歳を超えた」「18歳よりも上」とか、「18歳超《ちょう》」などといった言い方をしないとなりません。

「18歳以上」：「18歳」を含む
「18歳を超えた」など：「18歳」を含まない

「18歳以上は有料です」だと、「18歳」の人はお金を支払わなければなりません。一方、「18歳よりも上の学生は、有料です」となっていたとしたら、「18歳」の人は支払う必要はありませんね。

では次に、日常のことばとして、

「これ以上やったら、許さないぞ」

という言い方について考えてみましょう。

算数や数学では、「以上」というのは「(それを) 含む」ということになっていましたよね。この言い方では「これ」が「含まれる」わけですから、現時点 (=「これ」) で、すでに「許さないぞ」の領域に入ってしまっていることになりはしないでしょうか。くどい言い方をすると、正式には、

「これを超える行為をやったら、許さないぞ」

と言わなければならない、ということになってしまいそうです。しかし、そんなことはありませんよね。

実は、算数や数学では『以上』や『以下』は、その数字・そのものを、『含む』と定義していますが、日常のことばでは、そのような厳密な定義にしばられない使い方が多いのです。日常のことばでは、「以上」を、「(を) 超える」の意味で (も) 使うことがきわめて普通です。

「これ以上やったら」（日常のことば）：「これ」を含まない

「8日以降」も、この「以上」と通じるところがあります。厳密な言い方の場合には「8日」を「含む」のですが、日常のことばとしては「含まない」と考える人も決して少なくはないのです。

『8日以降に』手続きをしてください」という例文で調査をおこなったところ、「手続きをしてよいのは『8日から』だ」（＝8日を「含む」）という人が7割程度であったのに対して、「手続きをしてよいのは『9日から』だ」（＝8日を「含まない」）という回答も2割程度ありました。また年代差があり、「含む」という回答は30代がもっとも多く、そして20代と70歳以上では少なくなっています。

場合によっては、「7日までは手続きができないので、8日以降に手続きをしてください」のように丁寧に言うようにすると、誤解を避けることができます。以上です。

「8日以降に」手続きをしてください
解釈A　手続きをしてよいのは、「8日から」である
解釈B　手続きをしてよいのは、「9日から」である

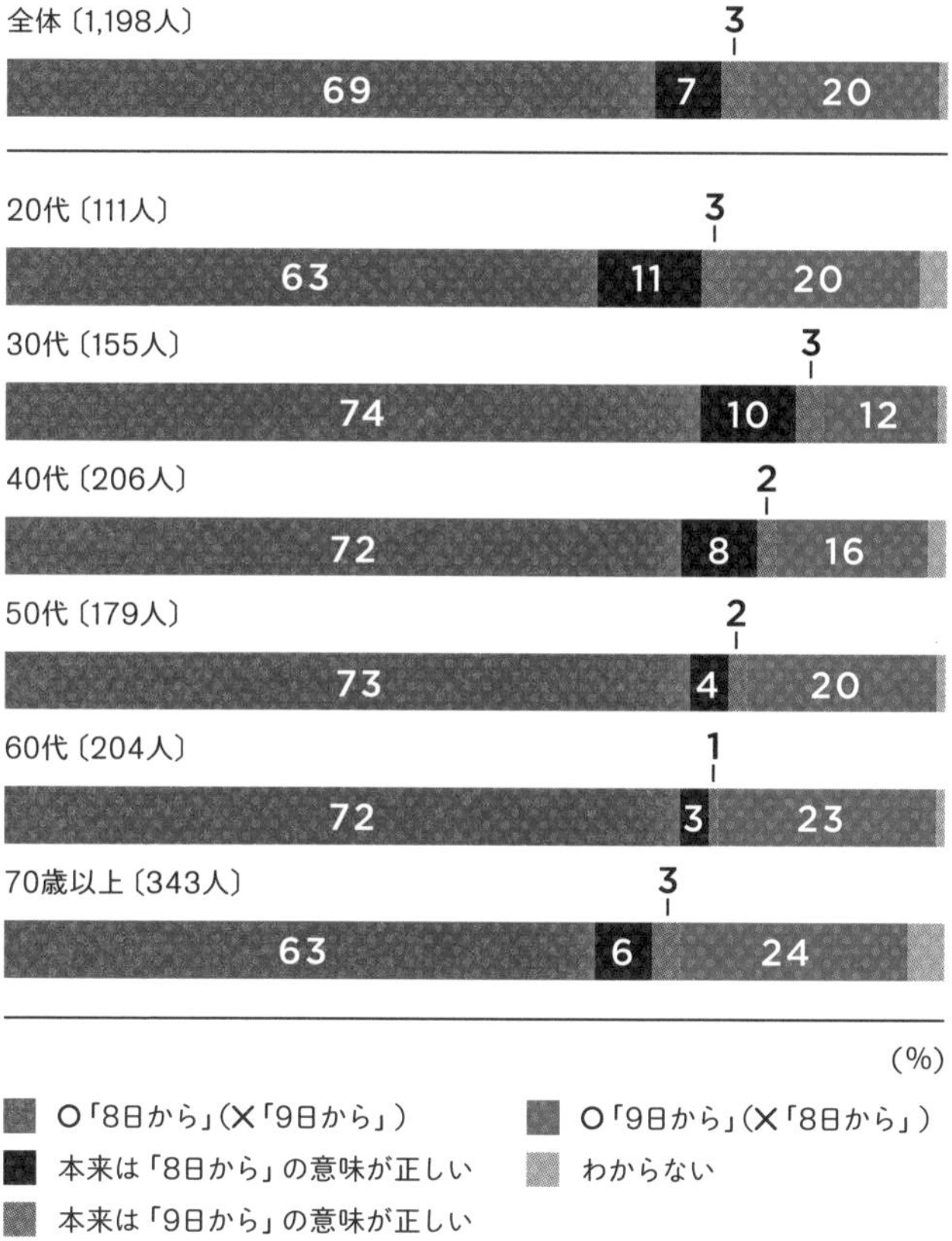

（2022年8月実施、全国1,198人回答〔計画標本数4,000、有効回答率30.0%〕）

ことばの研究

30

「一両日中に返事する」とは？

Q

「一両日中にご返事ください」というのは、いつまでに返事をすればよいものなのでしょうか。

A

「あしたまで」と「あさってまで」の両方に受け取られる言い方ですが、最近では「あさってまで」だと考える人が少なくなってきています。人によって受け止め方が異なることばなので、状況によっては別の言い方をしたほうがよい場合もあるでしょう。

「一両日《いちりょうじつ》」というのは、もともと「一日または二日」という意味です。「一両日中に」と言った場合、きょうを一日目・あしたを二日目と考えるか、きょうを含めずにあしたを一日目・あさってを二日目と考えるかによって、解釈が分かれてくるのです。

「一両日中にご返事いたします」という文の解釈について、ウェブ上でアンケートをおこないました。この言い方に対して、きょうが月曜日だとした場合に、返事はあした（火曜日）までにはもらえるのか、あるいはあさって（水曜日）までにはもらえるのか、といったことを尋ねたものです。

まず全体として一番多かったのが「あしたまで」という答え（61％）でしたが、女性（65％）では男性（56％）よりも特に多くなっています。

また、「あしたまで」は、60歳以上ではそれほど多くないのですが、30代では7割に達しています。若くなるに従って「あさってまで」が少なくなっているのは、社会全体がせっかちな方向に変化していることの反映なのでしょうか。

「一両日中」はいつまで？

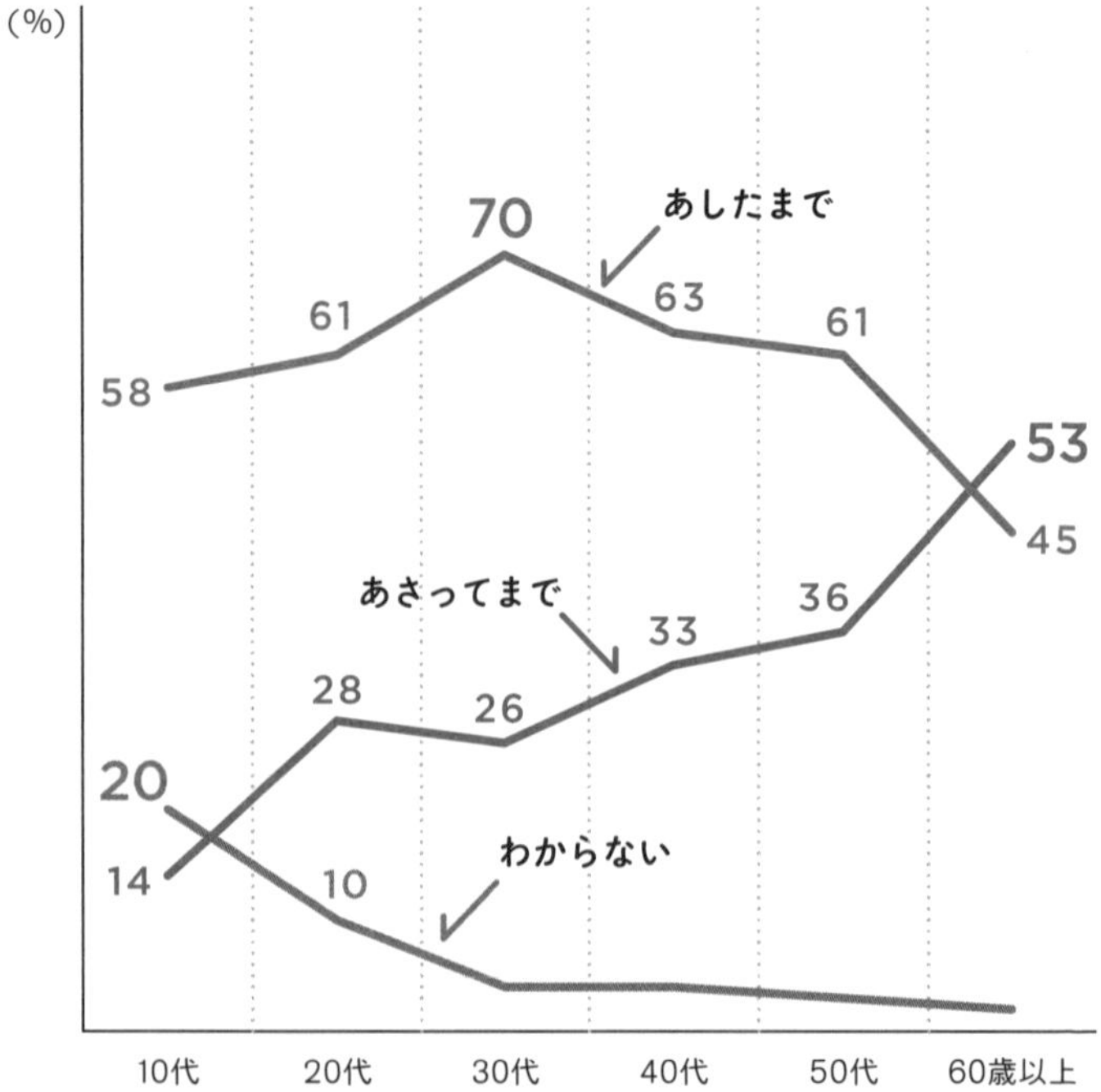

「一両日中に提出します」というのは人によって解釈が異なりますが、あいまいにしておくためにわざとこの言い方をするというのは、許される場合と許されない場合があるでしょう。

（2006年10月～11月実施、NHK放送文化研究所ウェブアンケート、1,269人回答）

ことばの研究 31

「おはようございます」は何時まで？

Q

「おはようございます」というあいさつは、放送では、何時ごろまで使ってもかまわないものなのでしょうか。

A

午前9時までであれば抵抗を感じる人はそれほど多くないようです。それ以降は、場合・状況によって注意が必要になってくるでしょう。

テレビで出演者があいさつする場合に「おはようございます」は何時まで言ってもかまわないか、ということについて、世論調査形式で尋ねてみました。

まず、午前9時に「おはようございます」とあいさつをしてもよいと考える人は全体の9割程度です。ほとんどの人が問題ないと考えている、と言えるでしょう。

ところが午前10時では、「よい」と考える人は3分の2程度にすぎないという結果が表れています。

また、この「午前10時の『おはようございます』」は、比較的若い年代では「よい」と考える人が多いのですが、この割合は年齢が高くなっていくほど小さくなっていきます。そして、都市部に住んでいる人は比較的遅い時刻まで「おはようございます」を使えると考える傾向が強いことがわかっています。生活リズムの違いによるものでしょう。

9時の
「おはようございます」

10時の
「おはようございます」

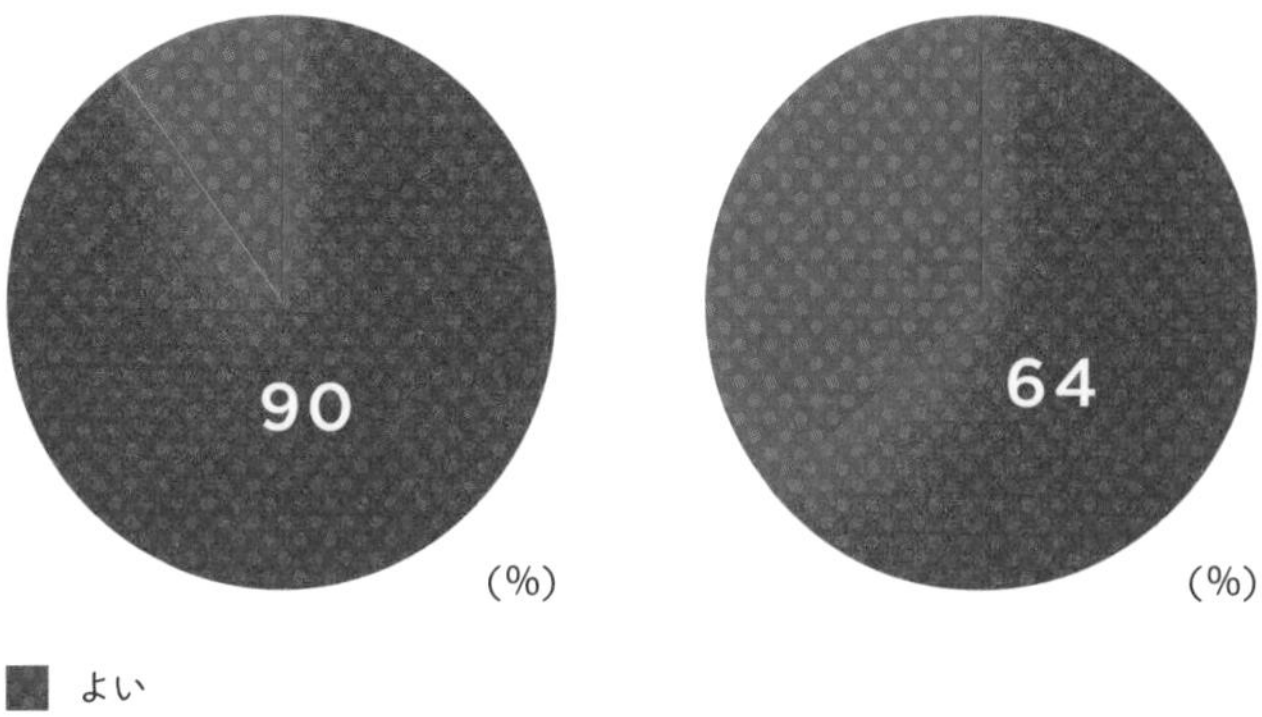

10時の「おはようございます」：よい

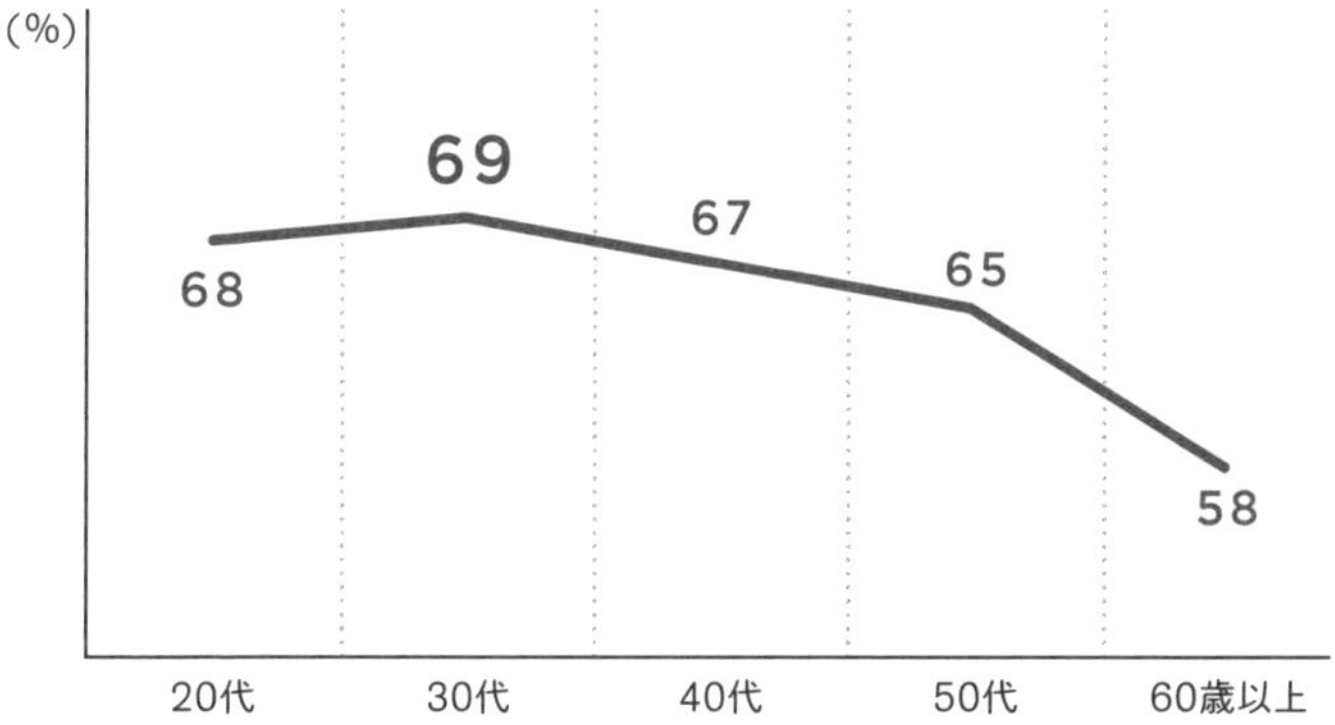

（2001年12月調査、全国1,272人回答〔計画標本数2,000、有効回答率63.6%〕）

ことばの研究

32

「昼過ぎ」っていつごろ?

Q

「昼過ぎ」というのは、具体的に何時何分ごろのことを指すのでしょうか。

A

伝統的な解釈では「正午(=午後0時)過ぎ」ですが、人によってとらえ方が異なります。特に年代差も見られ、このことばを使う際にはそのことを念頭に置いておくのがよいでしょう。

「昼過ぎ」という表現がどのように解釈されるのかをめぐって、ウェブ上でアンケートをおこないました。

夜の時点での発言として「○○線は、きょう昼過ぎに運転を再開しました」という言い方をどのようにとらえるかについて意見を尋ねてみたところ、もっとも多かった回答は①「遅くとも午後1時ごろまでには運転を再開したと思う」（33％）で、以下は②「0時15分ごろまでには」（27％）、③「0時30分ごろまでには」（24％）、④「1時30分ごろまでには」（9％）、⑤「0時45分ごろまでには」（4％）、⑥「1時15分ごろまでには」（3％）と続きます。

ここで、①「午後1時ごろまでには」と②「0時15分ごろまでには」の割合を年代別に見てみたところ、10代から40代までは①「午後1時ごろまでには」が一番多い回答になっていますが、50代以上では②「0時15分ごろまでには」がもっとも多いことがわかりました。

おそらく、比較的年配の人たちは「昼過ぎ」ということばを「正午が過ぎたころ」という伝統的な解釈で受け止めるのに対して、それより下の年代では「昼休み（だいたい午後0時から1時ごろ)」が終わったころと考えるように変化しつつあるのではないでしょうか。「昼過ぎ」ということばの意味が変わりつつあるのだと言えそうです。

このように「年代による解釈の違い」があるので、誤解を生まないためには、具体的な時刻がわかっているときにはできるだけはっきりと言うようにしたほうがよいのではないでしょうか。

「昼過ぎに打ち合わせをするから、よろしく」と伝えたのに、正午になると後輩はさっさとお昼ごはんに出かけてしまった、という悲しい事態は避けたいものです。

「昼過ぎに運転を再開しました」は……

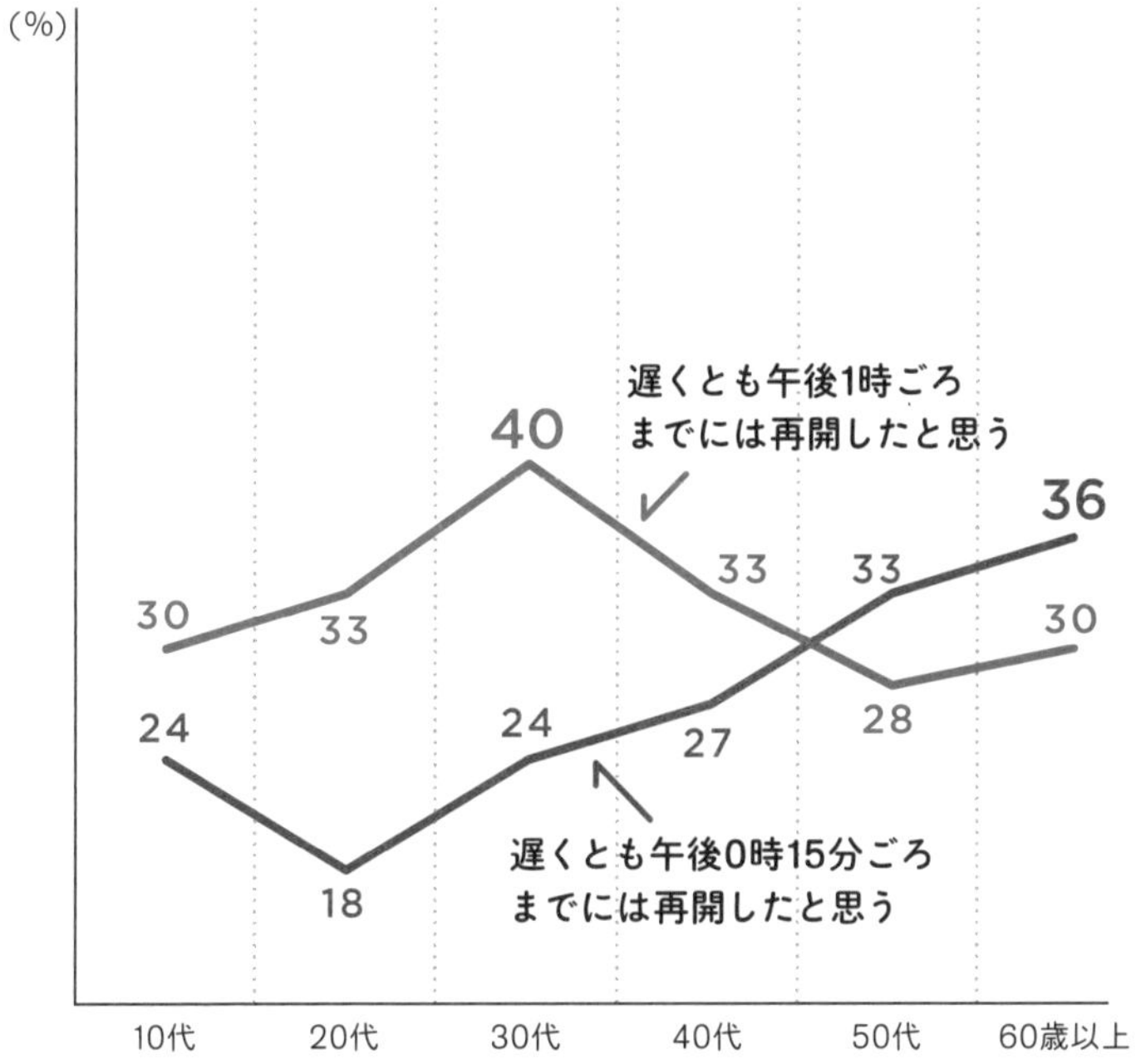

「午後一(ごごいち)」「昼一(ひるいち)」ということばも耳にします。「午後になってすぐ」「昼になってすぐ」ということではなく、いずれも「昼休みが終わってすぐ」という意味で使われているように観察しています。

(2008年3月〜4月実施、NHK放送文化研究所ウェブアンケート、1,541人回答)

ことばの研究

33

「こんばんは」は何時から？

Q

「こんばんは」というあいさつは、放送では、何時ごろから使ってもかまわないものなのでしょうか。

A

気になる問題ですが、残念ながら一概には決められません。「あたりがどのくらい暗くなっているか」ということと強く関連があるため、地域・季節によって異なるのです。また、日没の時点では『こんばんは』にはまだ早い」と感じる人も多いようです。

まず、「こんばんは」の使用開始時刻は、あたりの明るさが規準になっているので、「一年中同じ」というわけにはいきません。

31で「おはようございます」について取り上げましたが、「こんばんは」についても、調査結果があります。テレビで出演者があいさつする場合に「こんばんは」は何時から言ってもかまわないか、というものです。

「おはようございます」では、年代による意識の違いが目立っていました。一方「こんばんは」では、地域による違いがたいへん際立っています。

調査の時期は冬ですが、「こんばんは」は午後5時から可、という回答は、北海道では半数を超えているのに対して、九州沖縄では10％程度です。これは、東西に長い日本では、地域によって日没の時刻が異なるからです。調査した12月上旬の「日の入り」の時刻は、札幌が午後4：00、福岡が5：10となっていました。

日が沈んでからも、1時間弱程度は「薄明」と言って空がほのかに明るい時間が続きます。「薄明」の時間帯では、まだ「こんばんは」というあいさつには抵抗があり、日が沈み終わって本格的に暗くなってきてから「こんばんは」と言うのが、一般的な使い方のようです。

「こんばんは」何時からOK？

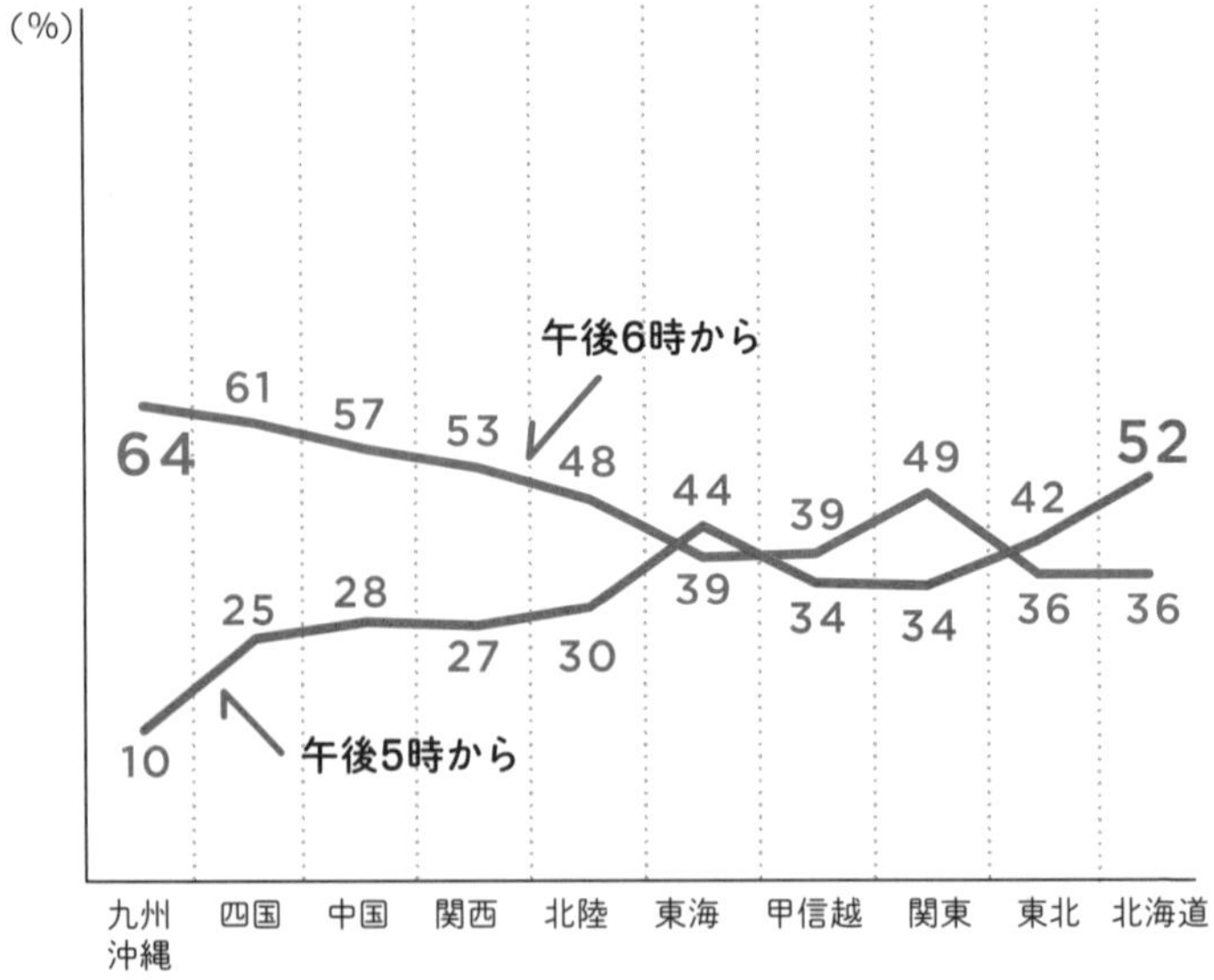

実際の放送ではどうしているかについても調べたことがあります。NHKの各地方局の担当者に午後5時台の番組（12月上旬と想定）冒頭あいさつを尋ねたところ、東日本はすべて「こんばんは」でしたが、西日本では「こんばんは」と「こんにちは」が半々程度でした。

（2001年12月調査、全国1,272人回答〔計画標本数2,000、有効回答率63.6%〕）

ことばの研究 34

「1時間弱」は、1時間よりも長い？ 短い？

Q

「1時間弱」というのは、1時間よりも長いのでしょうか。あるいは短いのでしょうか。

A

1時間よりも短いです。ただし、若い人の中には、1時間よりも長いと考える人も少なくありません。

「〜弱」を国語辞典で引いてみると、「数量を表わすことばにつけて、それよりやや少ないことを表す。［例］徒歩で一時間弱かかる。」という説明が出てきます（『例解新国語辞典（第十版）』）。要するに「1時間弱」は「1時間よりもやや少ない」ということで、これで話は終わってしまいそうなのですが、特に若い人たちを中心に、誤解をしている人が少なからずいます。「1時間弱」や「7割弱」のことを、「1時間と、ちょっと」「7割と、ちょっと」という意味だと思ってしまっているようなのです。

ウェブ上で「1時間弱」が指す意味について尋ねてみたところ、全体としては「1時間未満」であるという回答がかなり多く、「1時間より少し長い時間」だと考えている人は少ないことがはっきりしました。ところがこれには年代差があり、驚くべきことに、若い人の間では「1時間より少し長い時間」という回答も決して無視できないくらいの割合であることがわかったのです。

つまり、こういうトラブルが考えられます。

上司：さっきお願いしてた例の件、どのくらいでできそう？

部下：あと1時間弱でできあがります。

（それから60分経過）

上司：まだできてないの？〈心の声：50分ぐらい待てばいいかと思ったのに〉

部下：ですから、さきほど「1時間弱」とお伝えしたはずです。

〈心の声：1時間以上かかるって言ったじゃん〉

この「部下」の受け答えの例は、「特に若い人には『〜弱』の意味を誤解している人が少なくないので、気をつけましょう」という啓発の目的で紹介したものです。頼まれた仕事が予定通りに仕上がらなかったときの言い訳として悪用するのは、やめてください。

「1時間弱」「1時間強」は……

A 両方とも1時間以上だが、「1時間弱」は
1時間より少し長い時間、「1時間強」は
1時間よりもかなり長い時間を表す

B「1時間弱」は1時間未満のことで、
「1時間強」は1時間以上のことを表す

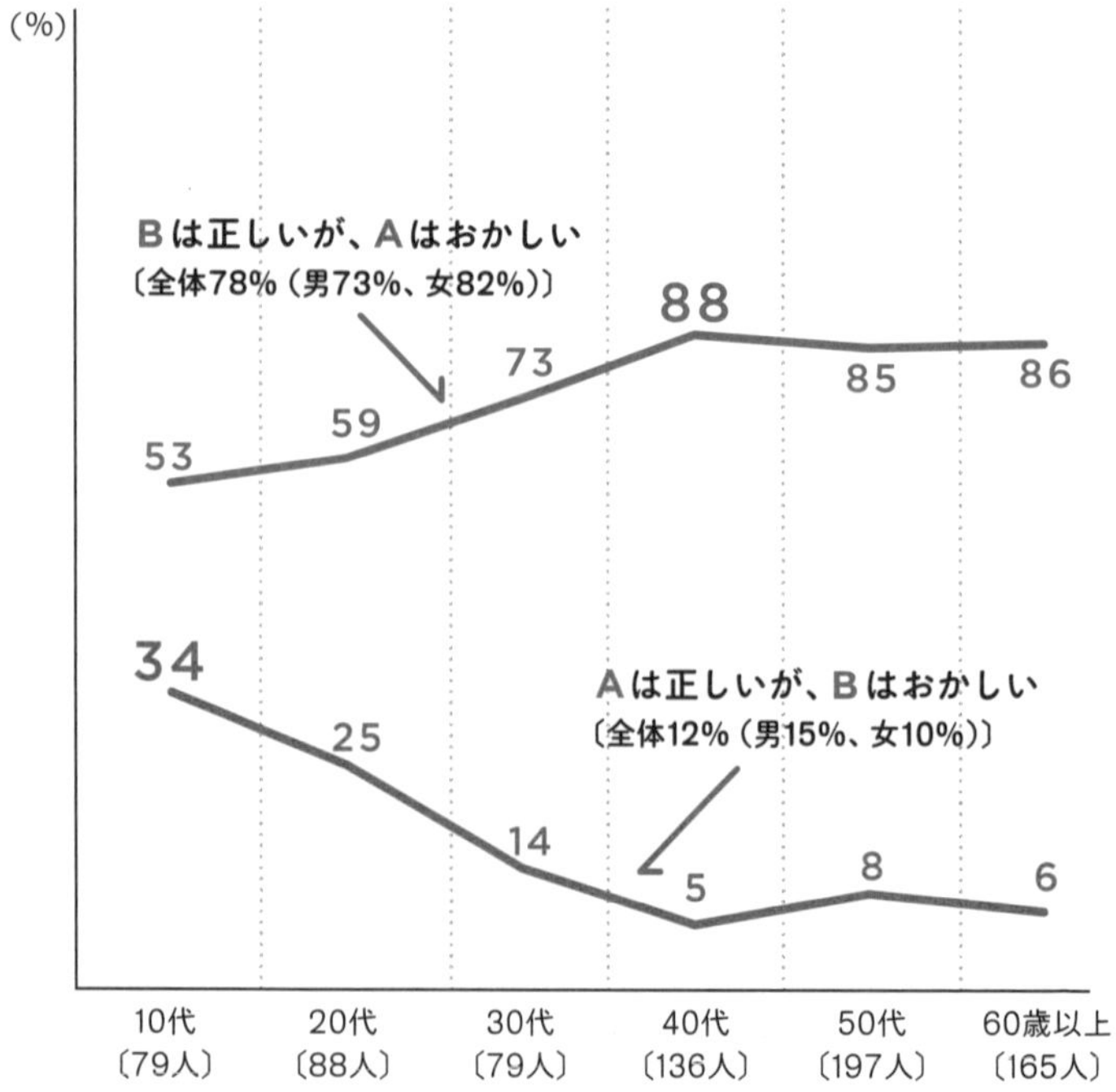

（2016年2月～3月実施、NHK放送文化研究所ウェブアンケート、744人回答）

Chapter 5

気配りの日本語

迷子の敬語

ことばの研究
35

「以上でお間違いないでしょうか」？

Q

ファストフード店で「以上でお間違いないでしょうか」と言われると、なんだか変な感じがします。

A

あなたが注文をして、その内容を店員が復唱したあとに「以上でお間違いないでしょうか」と口にしたという状況であれば、確かにややおかしいと言えます。

まず、「お〜」について考えてみましょう。「お〜」はことばを丁寧にするものですが、どんなものにでも付けられるというわけではありません。ことばによっては、聞き手（相手）の持ち物である場合には付けることができても、話し手（自分）に所属するものだと付けられないことがあります。

「今日はお車でいらっしゃいましたか。」これはまったく問題ありません。相手が持っている車を指しているからです。一方、「私は今日はお車で来ました。」とは、まず言わないと思います。これは自分（＝話し手）の車だからです。では、「お車をご用意しましたので、ぜひお乗りください。」はどうでしょうか。「よい」という人と、「だめ」という人がいます。「だめ」だと考える人は、「それが『話し手』の車だから」という見方をしています。それに対して「よい」という人は、確かに話し手の車だけれども、「聞き手」に利用してもらうために準備したものだから問題ない、という考え方に立っています。

「のちほど『お電話』いたします」「突然『お手紙』を差し上げます」などに対しても、人によって感じ方が異なります。

店員が復唱したあとの「以上でお間違いないでしょうか」は、「私が復唱した内容に間違いがあるかどうか」を尋ねているつもりの言い方です。この場合に「間違える」かもしれないのは店員の側以外にありえませんから、『お間違い』と言うのはふさわしくありません。客の立場としては、「『お間違い』がないかどうかって、俺が注文した内容に『お間違い』があるとでも言うのか！」と怒ってしまう人もいるかもしれません。

ただし、たとえば「傘のお間違いのないようにご注意ください」などは、問題ありません。この場合に「間違える」おそれのあるのは、「客」の側だからです。

ウェブ上でおこなったアンケートからは、復唱後の「以上でお間違いないでしょうか」を受け入れるのは、若い人に多いことがわかりました。

これは、「以上でよろしかったでしょうか」「以上で大丈夫でしょうか」といったフレーズが「だめ」だとされたことによって、新たに生まれてきた言い方なのかもしれませんが、少し注意が必要です。「おお間違い」とまでは言えませんが。

「ご注文を繰り返します、ハンバーガーひとつとコーラひとつ、以上で『お間違い／間違い』ないでしょうか」

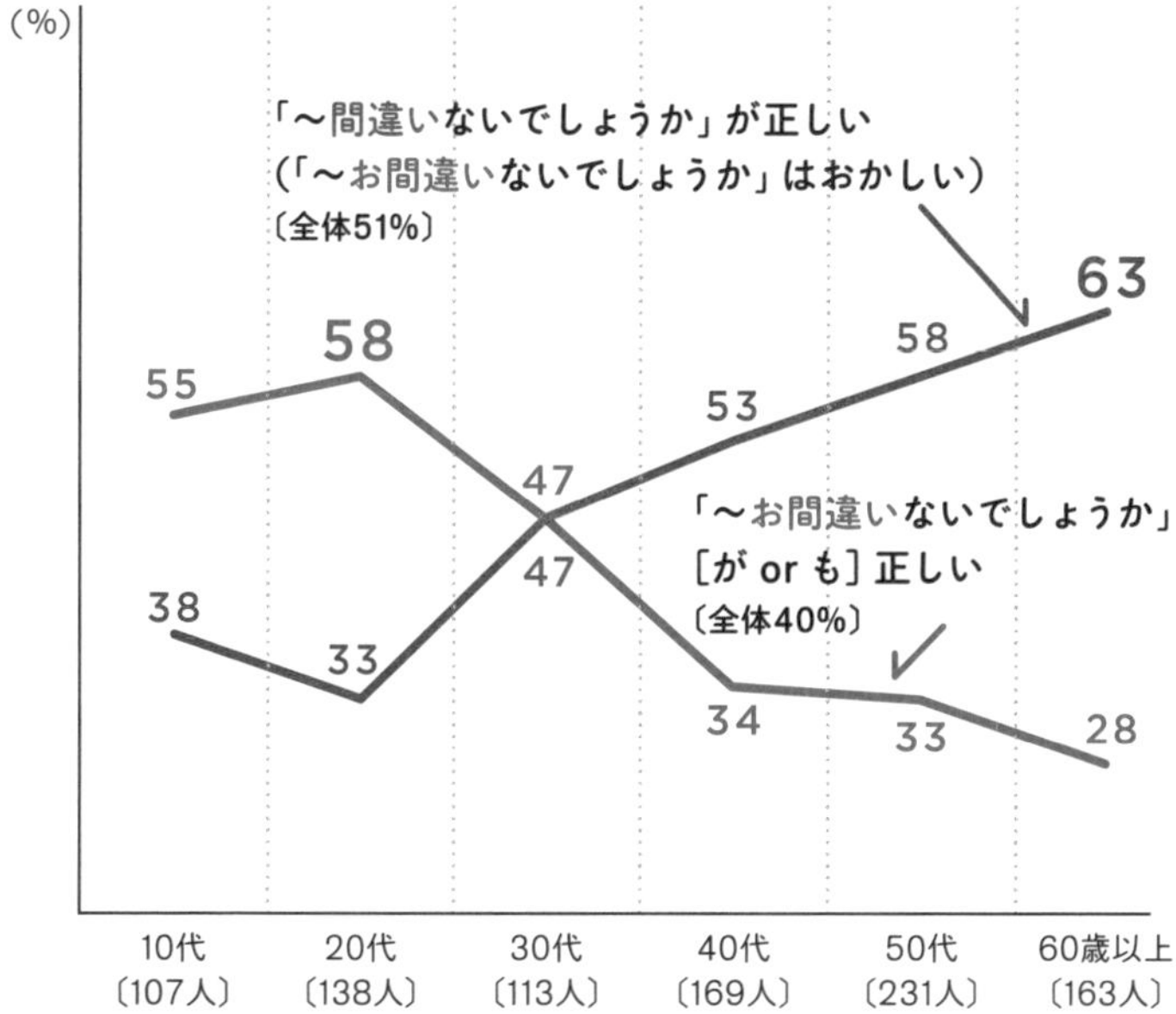

「ご注文のお品はこれですべてお揃いでしょうか」などの言い方も、よく話題になることがあります。ファミリーレストランなどで注文した「食べもの」を、あたかも尊敬しているような形になっているからです。

（2014年6月～7月実施、NHK放送文化研究所ウェブアンケート、921人回答）

ことばの研究

36

「お返事」か「ご返事」か

Q

「お返事」と「ご返事」とでは、どちらを使ったらよいのでしょうか。

A

「お返事」と「ご返事」、どちらも正しい言い方ですが、最近では「お返事」と言う人が多くなりつつあります。漢語の中でなじんできたことばの中には、「ご〜」から「お〜」へと変化してゆくものがあります。

「お」と「ご」のどちらが付くかは、だいたい次のような傾向があります。

・やまとことば（和語）…「お」が付く。お金、お米、お餅など。

・漢字の音読みのことば（漢語）…「ご」が付くものが多い。ご親切、ご出演など。

・外来語…普通「お」も「ご」も付かない。

ただし、漢語の場合には例外が多く、「お食事・お料理・お洗濯」など、「お」が付くものもかなりあります。漢語には少し堅苦しいことばが多いのですが、例外的に「お〜」となっているものの多くは、漢語であっても私たちの生活に密着したものがほとんどです。

「返事」もその例外の一つです。これは、「かえりごと」というやまとことばに「返事」という漢字を当てて、そのあとに「へんじ」という音読みの漢語が出てきたものです。つまり、もともと「あまり漢語らしくない」ことばなのです（なお「大根（だいこん）」も「おおね」から生まれたことばです）。

そのため、やまとことばとしてとらえた場合の「お返事」と、漢語として扱われたときの「ご返事」が、両方とも使われているのです。

どうでしょう、お理解いただけたでしょうか。

「お返事／ご返事」お待ちしております

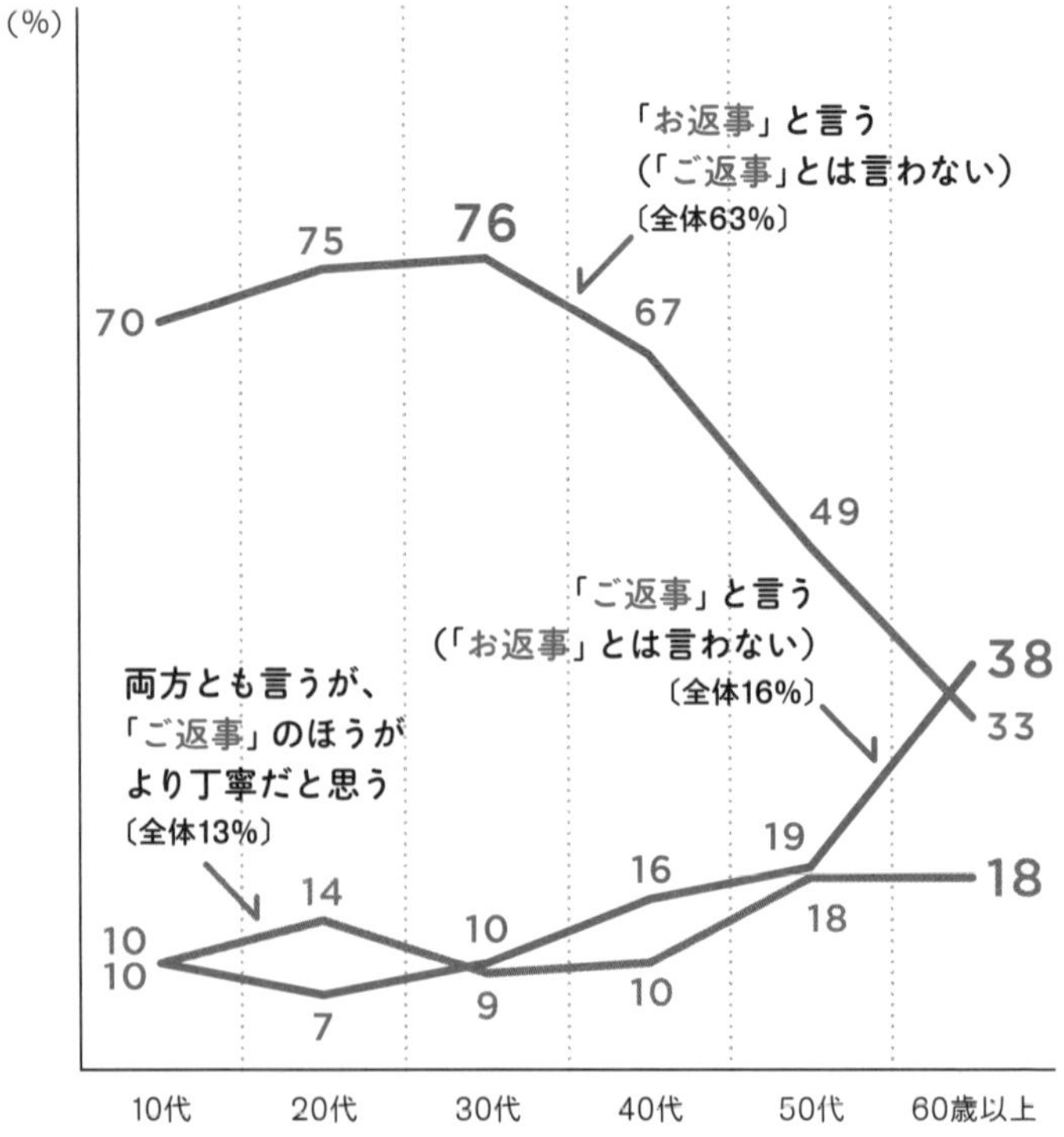

ウェブ上でおこなったアンケートでは、「お返事と言う(ご返事とは言わない)」という回答(全体で63%)が、若い人では非常に多くなっていることがわかりました。また、特に女性はこの答えを選ぶ傾向が強く見られました(男性56%、女性68%)。

(2008年3月～4月実施、NHK放送文化研究所ウェブアンケート、1,541人回答)

ことばの研究 37

「用意してございます」?

Q

「用意してございます」というのは、おかしな言い方なのでしょうか。

A

これは言い方としては決して間違ってはいないのですが、最近ではおかしいと感じる人も多くなりつつあります。「用意してあります」というような言い方で十分な場合に「用意してございます」と言うと、おおげさな感じがします。

「ございます」は、「ある」の丁寧な言い方です。存在を表す使い方のほかに、「お暑うございます」「お久しぶりでございます」のように、形容詞・名詞の後ろにつく補助的な用法もあります。

「準備してございます」は、「準備する」という動詞の後ろに「てございます」が付いています。このような「動詞＋てございます」は、昔の小説などにもよく見られます。

「あちらの方に煖炉《だんろ》が焚いてございます。」（森鷗外「鼠坂」１９１２年）

「お塩で味がつけてございます。」（島崎藤村「夜明け前」１９３６年）

「卵は半熟が用意してございます。」（坂口安吾「本因坊・呉清源十番碁観戦記」１９４８年）

ところが、このような言い方に対して違和感を覚える人が最近増えています。ある言い方が「正しい」かどうかという判断は、永久不変のものではなく、時代によって変わってきます。それまで間違った言い方だとされてきたものが、あるときから一般に広く受け入れられることがあります。その反対に今回の「〜てございます」のように、それまでも使われてきた言い方に対して「おかしい」と感じる人が多くなることも、ござるのです。じゃなかった、あるのです。

「準備してあります」？
「準備してございます」？

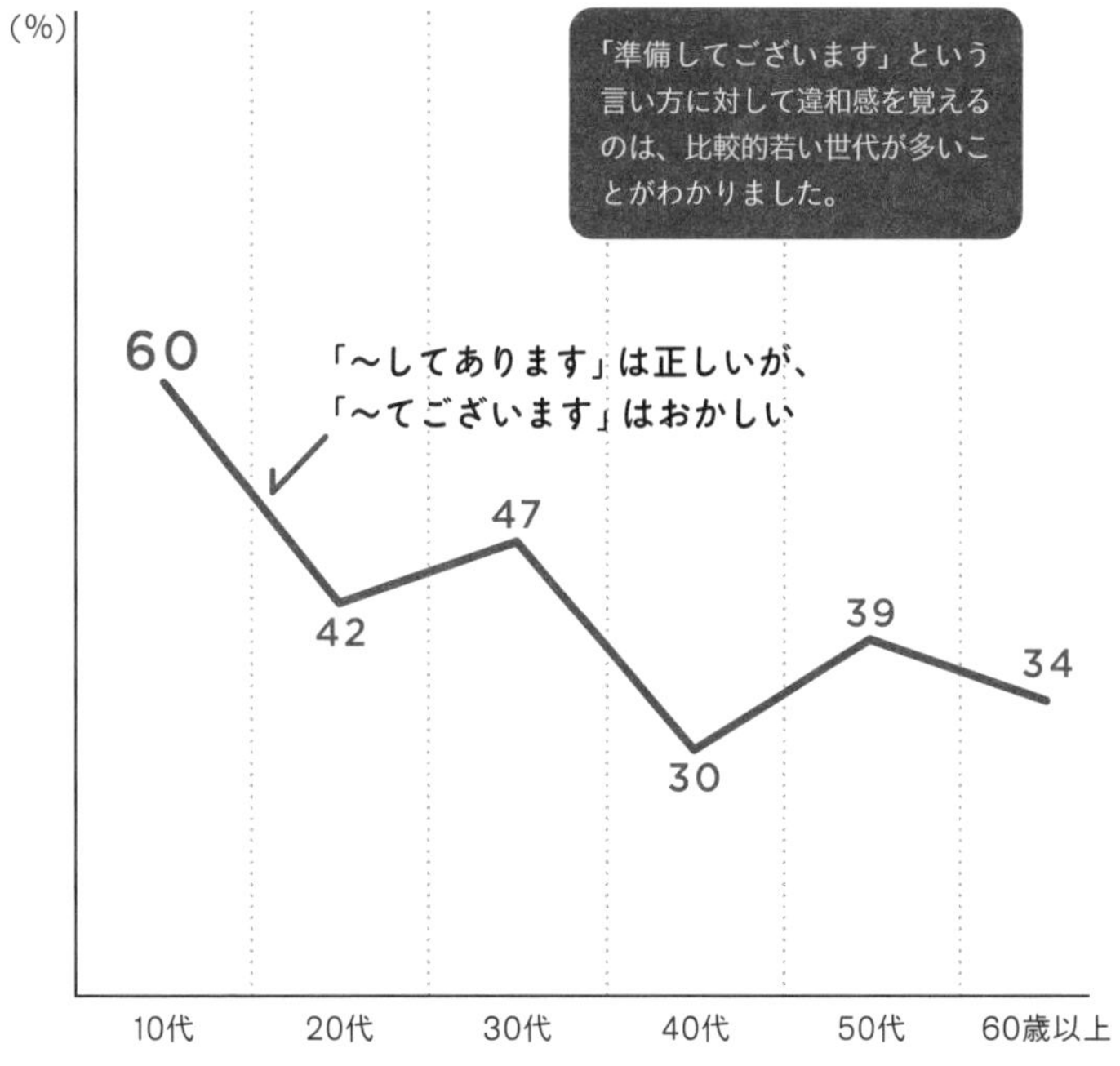
(%)
「準備してございます」という言い方に対して違和感を覚えるのは、比較的若い世代が多いことがわかりました。
「～してあります」は正しいが、「～てございます」はおかしい
60
42
47
30
39
34
10代
20代
30代
40代
50代
60歳以上

（2011年1月～2月実施、NHK放送文化研究所ウェブアンケート、519人回答）

ことばの研究

38

「住所が「変わった／変わられた」際には」？

Q

「お引っ越し等で住所が変わられた際には……」という言い方は、あまりよくないのでしょうか。

A

人間以外のものの動作・状態について「尊敬語」を使ってよいかどうかの判断は、いろいろな条件によっても異なり、また個人差も大きいものです。「住所が変わられた」に限って言えば、この言い方は比較的好まれているようです。

「尊敬語」は、一般に「人間」の動作やものごと・状態などに関して使われるものです。「犬が散歩なさっている」や「国語辞典が答えを教えてくださった」のように、「動物」や「非生物」の動作について使われることは、普通はありません。

ですが、「髪が白くなられましたね」「背が高くていらっしゃる」の「髪・背」のような「その人の体の一部分」や、「性格が落ち着いていらっしゃる」の「性格」のような「その人の属性の一部分」などを取り立てて言う場合などに、「尊敬語」を使ってもおかしくないことがよくあります。このような敬語を、一般的な敬語と区別して「所有者敬語」と呼ぶことがあります（角田太作（1991年）『世界の言語と日本語』（くろしお出版））。「所有者敬語」は、その人から分離することがむつかしいもの（「髪・背・性格」など）について用いられるものだと言えます。

ご質問の「住所」については、その人がどこに引っ越したとしても、「その人がどこかに特定の住所を持っている」という真理は、変わりません。つまり「住所」というものは、その人からは分離困難な情報の一つです。そのため、場合によっては「所有者敬語」が使われるのだと思います。また、「『お住まい』が変わられた際には」という言い方も、「住所」と同じように感じられるでしょう。

ウェブ上で、「お引っ越し等で住所が変わった〔変わった／変わられた〕際には、当社までご連絡ください。」という2つの文を示して、アンケートをおこなってみました。「〔変わった〕のほうが感じがいい（「どちらかといえば」も含む）」が全体では34％だったのに対して、「所有者敬語」を使った「〔変わられた〕のほうが感じがいい（「どちらかといえば」も含む）」は全体で57％と、〔変わられた〕が比較的好まれていることがわかりました。

また個人差が大きく、「所有者敬語」の〔変わられた〕のほうを好む割合は、〔女性・高齢層・西日本（東海地方含む）〕のほうが、〔男性・若年層・東日本〕に比べると、大きいということがわかりました。

こんな感じでことばの細かいことばかりを追いかけていると、よく言われるんです――「ずいぶん変わられた性格なんですね」。

住所が［変わった／変わられた］際には……

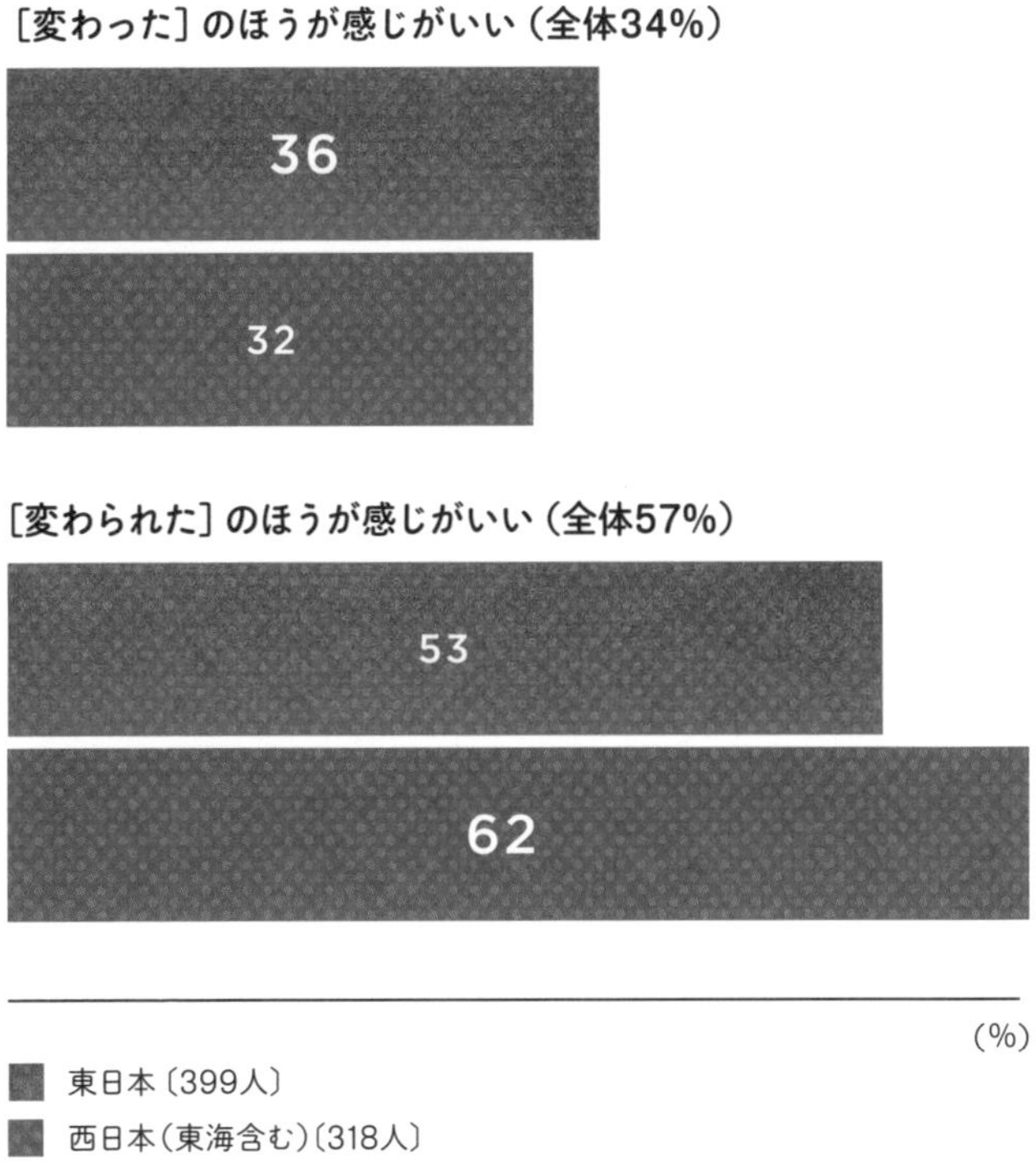

「『お住まい』が変わられた際には」は普通に感じられますが、「『お車』が変わられた際には」だと個人的には少々とまどいます。なかなかむずかしいですね。

（2015年7月～8月実施、
NHK放送文化研究所
ウェブアンケート、732人
（うち海外15人）回答）

ことばの研究

39

「どうかいたしましたか」?

Q

なんとなく具合の悪そうな人に「どうかいたしましたか」と声をかけたら、余計に気分を悪くしたような顔をされてしまいました。

A

これは、現代の一般的な敬語の使い方としては、あまりおすすめできません。この状況であれば、「どうかなさいましたか」と言うべきです。

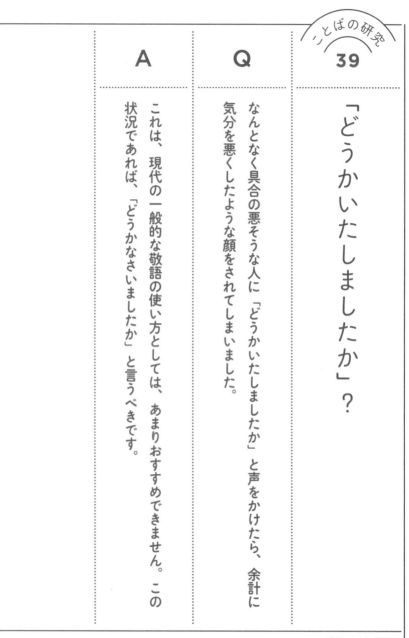

現代語の「いたす」は、多くの場合、聞き手に対する改まった気持ちを表すときに使うものです。たとえば「そのようにいたします」は、話し手の動作に関して、改まった気持ちを込めて聞き手に表現するものです。ただし【明らかに聞き手の動作・聞き手の領域に属するできごとである場合】に「いたす」を使うのは、好ましくありません。

注意が必要なのは、「どうかいたしましたか」という言い方自体が、常にだめだというわけではないところです。「なにか不都合が発生しましたか」という意味で使う「どうかいたしましたか」は、問題ないのです。これは、なぜでしょうか。

「いたす」には、「カレーのいい香りがいたします」のような用法もあります。聞き手が原因ではない「事態の発生」を、「いたす」を使って、改まった気持ちを込めて表しているものです。しかし、たとえば具合が悪そうに見えたりするなどの【明らかに聞き手の動作・聞き手の領域に属するできごとである場合】には、不適当なのです。

ウェブ上でアンケートをしてみたところ、気分が悪そうな人に向かって「どうかいたしましたか」と言うのは「おかしい」という回答は、社会の活躍層であり敬語を使う機会の多い30代から50代にかけての年層で非常に多く見られました。一般に、敬語の使い方に関して質問をすると、このような年代分布になることが多いものです。現在10代や20代の人も、社会経験を積んでいくとだんだんと敬語の使用法を習得していくはずなので、現在の若い人たちの結果が「そのまま将来の日本語のすがたを反映している」というわけではないと思われます。

駅のアナウンスでときどき聞かれる「ご乗車できませんのでご注意ください」というものも、これと似ています。「ご乗車できません」という言い方は、「ご案内できません」などと同じく、話し手の動作〔＝乗車〕を低めて言い表す謙譲語であるという解釈が可能です。つまり、ことばの上からすると「私〔＝駅員さん本人〕は電車に（お客さんたちとは一緒に）乗れません」という意味になってしまいます。「ご乗車になれませんのでご注意ください」と言うのがふさわしいでしょう。こんな説明で、ご理解いたしましたでしょうか。おっと失礼、ご理解なさいましたでしょうか。

（気分が悪そうな人に対して）

A「どうかいたしましたか」

B「どうかなさいましたか」

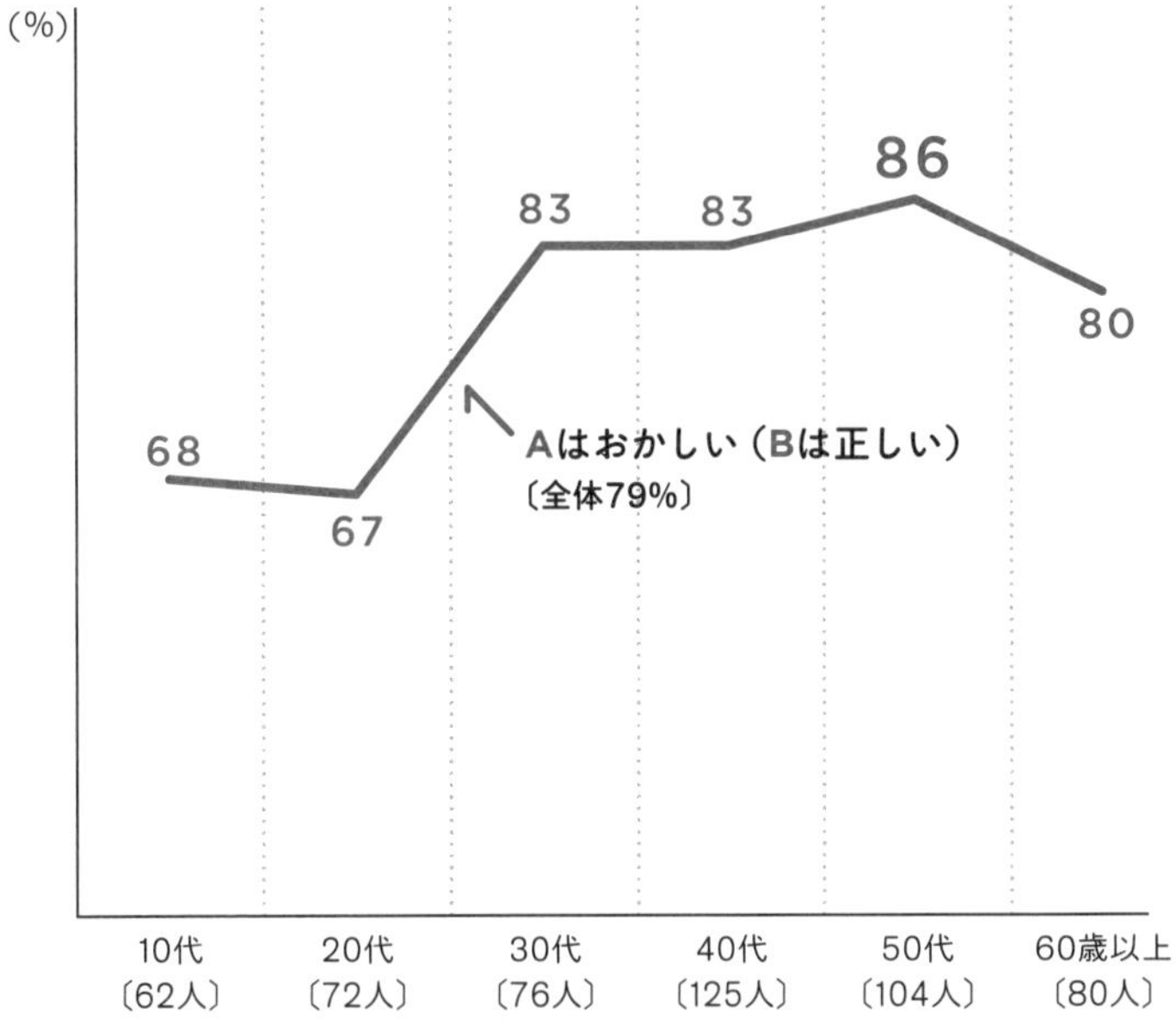

調査をした時点で20代だった人が、10年後にもまったく同じことばづかいをしている保証は、実はありません。「成人後採用」と言って、個人の言語は大人になってからも変化・成長するからです。言語変化の予測というのは、むずかしいものなのです。

（2011年1月～2月実施、NHK放送文化研究所ウェブアンケート、519人回答）

ことばの研究
40

「差し上げます」？

Q

「執筆料として5万円を差し上げます」という言い方は、おかしいのでしょうか。

A

グレーゾーンですが、謝礼などを支払うときにこのような言い方をすると、気分を害する人も少なくないことは知っておいたほうがよいでしょう。

「差し上げる」は、「与える・やる」という意味を表す謙譲語です。自分から相手に物を渡すことを表すのに「差し上げる」という謙譲語を使うという点では、まちがっていません。ですが、「差し上げる」を使うときには、ほかにも注意点があるのです。

たとえば、「イベント主催者が来場者に対して」という場面で「記念品としてキーホルダーを差し上げます」と言うのは、まず問題ありません。それに対して、「出版社が執筆者に対して」という場合に「執筆料として5万円を差し上げます」と言うと、ひっかかりを感じる人が多くいます。このことは、ウェブ上でおこなったアンケートの結果にも表れています。これは、なぜなのでしょうか。

「差し上げる」は、「それによって聞き手に何らかのメリットが生じることを、話し手が期待している」態度をおもてに示すような状況で使われるのが典型的です。「キーホルダー」の例で言えば、それを受け取ることは聞き手（＝キーホルダーをもらう人）のためになるはずだ、という話し手の前提があります。

それに対して「執筆料」の例の場合、そのお金を受け取ることはもちろん聞き手（＝執筆料の受け取り手）のメリットになるのですが、それ以前にそれは正当な「労働の対価」です。正当な権利であるのにもかかわらず、「…5万円を差し上げます」という言い方で「これで聞き手にメリットがあるはずだ」のような態度をおもてに出すのは、日本語では不適当です。「どうだい、お金もらえてうれしいだろう」といった悪印象が生まれかねません。「5万円をお支払いいたします」と言ったほうが、礼儀正しく感じられます。

同じように「（〜して）差し上げます」という言い方にも、注意が必要です。「傘を貸して差し上げましょうか」と言われたとしたら、やはり「押しつけがましさ」を感じてしまいます。「傘をお貸ししましょうか」のほうが、謙虚な印象を受けます。

さて、「安くして差し上げますよ」※というような言い方は、どのように言いかえたらよいでしょうか。ここまで読んでくださった方々はもう、教えて差し上げなくてもおわかりですよね。

※なお韓国語では、これに相当する言い方が普通になされます（塩田雄大（2022年）「似てるからって油断するなよ―日本語「差し上げる」と韓国語「トゥリダ」―」（椎名美智・滝浦真人編『「させていただく」大研究』（くろしお出版））

A「記念品としてキーホルダーを**差し上げます**」
（イベント主催者が来場者に対して）
B「執筆料として5万円を**差し上げます**」
（出版社が執筆者に対して）

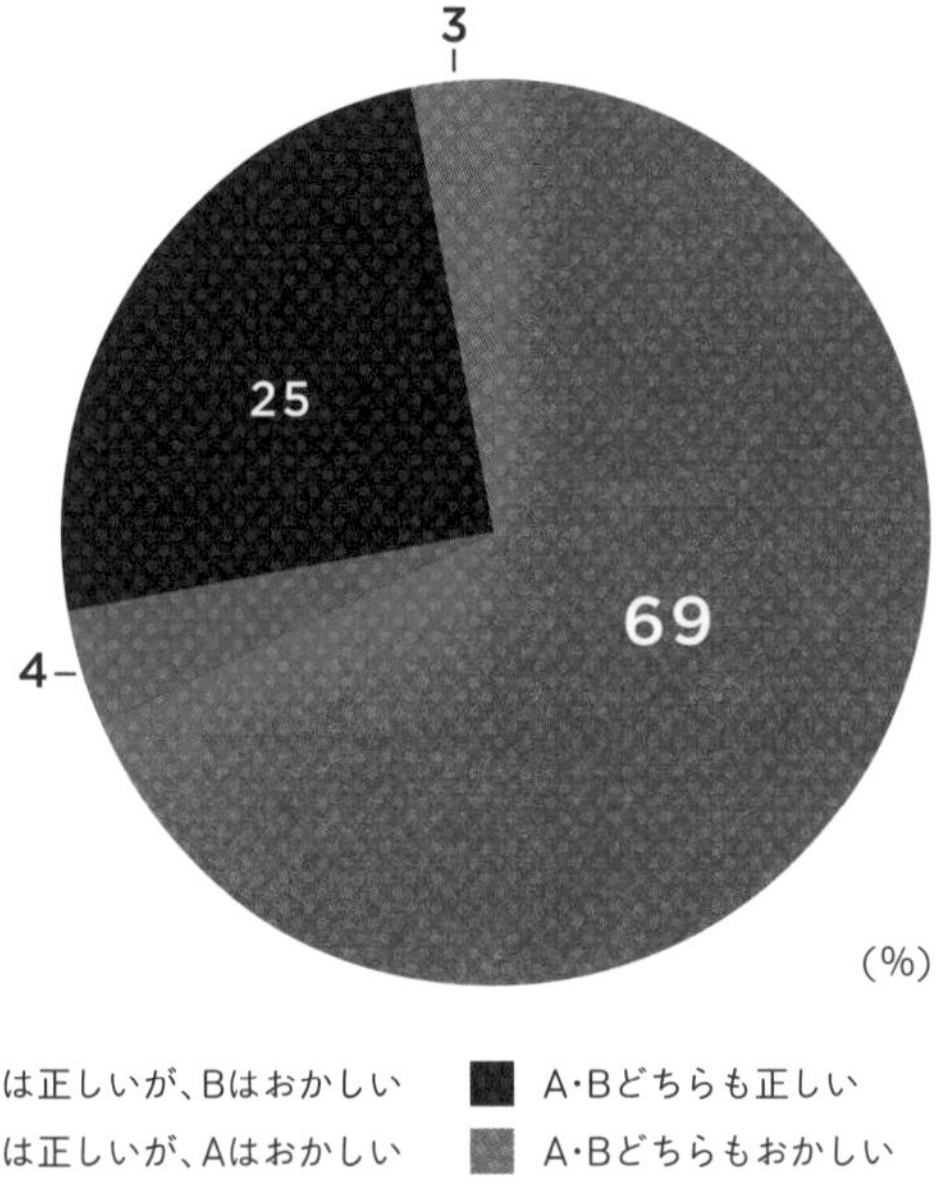

「差し上げる」は、実は、目の前にいる人への動作には使いにくい動詞です。「コーヒーを差し上げましょうか」という言い方は文法的にはまったく正しいのですが、それよりも「コーヒーを〔お出ししましょうか／お飲みになりますか〕」などのほうがよく使われています。

（2008年12月～2009年1月
実施、NHK放送文化研究所
ウェブアンケート、932人回答）

ことばの研究

41

「お持ちします」？「持って参ります」？

Q

「いま書類をお持ちします」という表現は、おかしいのでしょうか。

A

場合によります。その「書類」が「(最終的に) だれのための書類であるのか」によって、言い方に違いが出てきます。

まず「お持ちします」というのは、「お〜する」で動詞「持つ」を挟み込んだもので、「話し手＝自分」の動作を低める謙譲表現です。意味の近い謙譲表現として、「持って参ります」という言い方もあります。こちらは、「持って来ます」の「来る」の部分を、「参る」に換えたものです。

前者の「お持ちします」は、普通、最終的にそのものが「聞き手＝相手」の所有物になったり、「聞き手＝相手」の利益につながったりする動作を表します。一方、後者の「持って参ります」には、そのような制限はありません。

たとえば、あなたがえらい人になったと想像してみてください（すでにえらい方は、そのままお読みください）。話をしに来た部下が、「あ、すいません、ぼく手帳を忘れてきちゃいました。いまお持ちしますので、少々お待ちください」と言ってきたら、どういう印象を受けるでしょうか。ここはやはり「持って参りますので」と言うべきだと叱るのではないでしょうか。これは、その部下が「手帳」をあなたにプレゼントするわけではないからです。

「いま書類をお持ちします」は、たとえば「聞き手＝相手」のための契約書などを持って来る場合であれば、この言い方でなんら問題はありません。しかし、「話し手＝自分」の記した部内書類に対して上司の承認のはんこが必要なときなどは、「いま書類を持って参ります」と言うほうが感じがいいと思います。

ウェブ上でおこなったアンケート（「部下が、上司に電話で言う」という設定）では、特に50代以上では「書類を持って参ります」を選ぶ傾向が強いことがわかりました。

え、それぐらいは言われなくても使い分けられる？　ああ、そうでしたか。それはそれは。参りました。

（上司に電話で）「すみません、いまから書類を『……』、はんこを押していただけますか」

A『お持ちしますので』

B『持ってまいりますので』

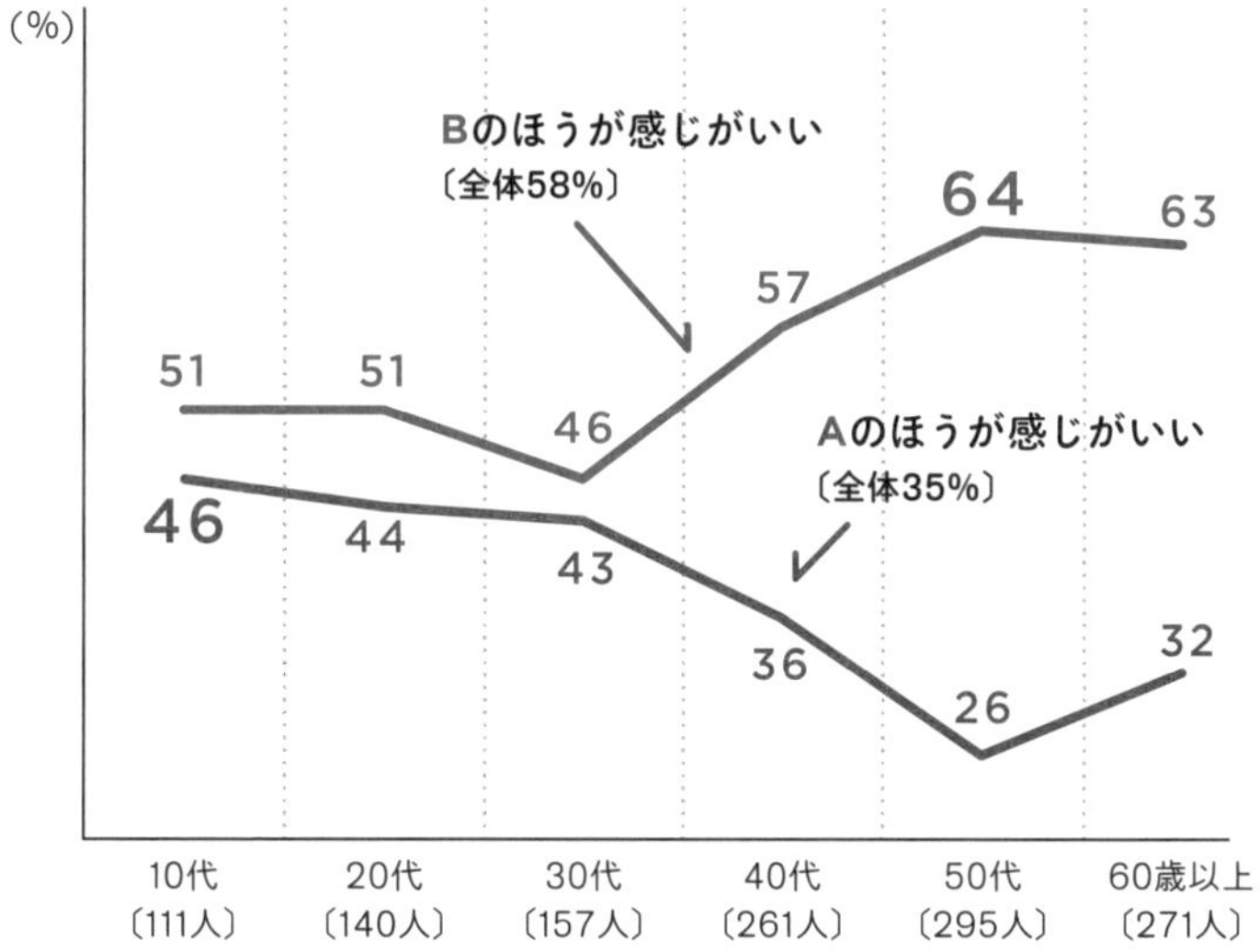

「お持ちする」は謙譲表現の中でも「謙譲語Ⅰ」と呼ばれるもので、これは基本的に、その動作が話し手から聞き手に向けてなされる状況で使われます。「持ってくる」という行為が聞き手のためではない場合には、謙譲語Ⅰはそぐわないのです。

（2015年3月～4月実施、NHK放送文化研究所ウェブアンケート、1,235人回答）

ことばの研究
42

「せいぜい」がんばって？

Q

上司から「せいぜいがんばって」と言われて、嫌な気分になりました。

A

「せいぜい」には、もともとは悪い意味はありませんでした。しかし近年では意味の変化が進んでいるので、使う場合には（そしてそれを聞き手として解釈する場合にも）注意が必要です。

「せいぜい」は、漢字で「精々（精精）」と書きます。字を見ても想像されるとおり、「がんばって」「一生懸命」「力を振り絞って」というのが、本来の意味です。

「ソップも牛乳もおさまった？　そりゃ今日は大出来《おおでき》だね。まあ精々食べるようにならなくっちゃいけない。」（芥川龍之介「お律と子等と」1920（大正9）年）

「上等のかつおぶしを、せいぜい薄く削り、わさびのよいのをネトネトになるよう細かく密におろし、思いのほか、たくさんに添えて出す。」（北大路魯山人「夏日小味」1931（昭和6）年）

このように、「せいぜい」はもともとは積極的な意味で「がんばって」という意見を示すものでした。これに対して、時代が下ると「（まあ、がんばったところで）たいしたことはないだろうが」というような、マイナスのニュアンスが伴うようになってきたのです。

「どこで泣こうと涙の勝手　知ったことじゃないけれど　あんたの前じゃ泣きやしな

いから　せいぜい安心するがいい」
（中島みゆき「てんびん秤」中島みゆき作詞、１９９４（平成６）年）

ウェブ上でおこなったアンケートでも、「せいぜい」の解釈をめぐって年代差があることが見て取れます。「せいぜいがんばってください。」という言い方に対して、60歳以上の人たちでは「『いやみ』または『応援』の、どちらのつもりで言っているのかは、その場面によって異なる」という回答が4割程度を占めているのですが、20代ではわずかに2割程度です。若い人たちの間では、「いやみとして言っている（言った人に、純粋に応援する気持ちはない）」という回答が、圧倒的に多いのです。

ぼくは、ほかの人から「ま、これからもせいぜいがんばって」と言われても、凹んだりしていません。あ、この人は伝統的な日本語を守っているんだな、と尊敬するようにしています。

©1994 by Yamaha Music Entertainment Holdings,Inc. All Rights Reserved.International Copyright Secured.

「せいぜいがんばってください」は……

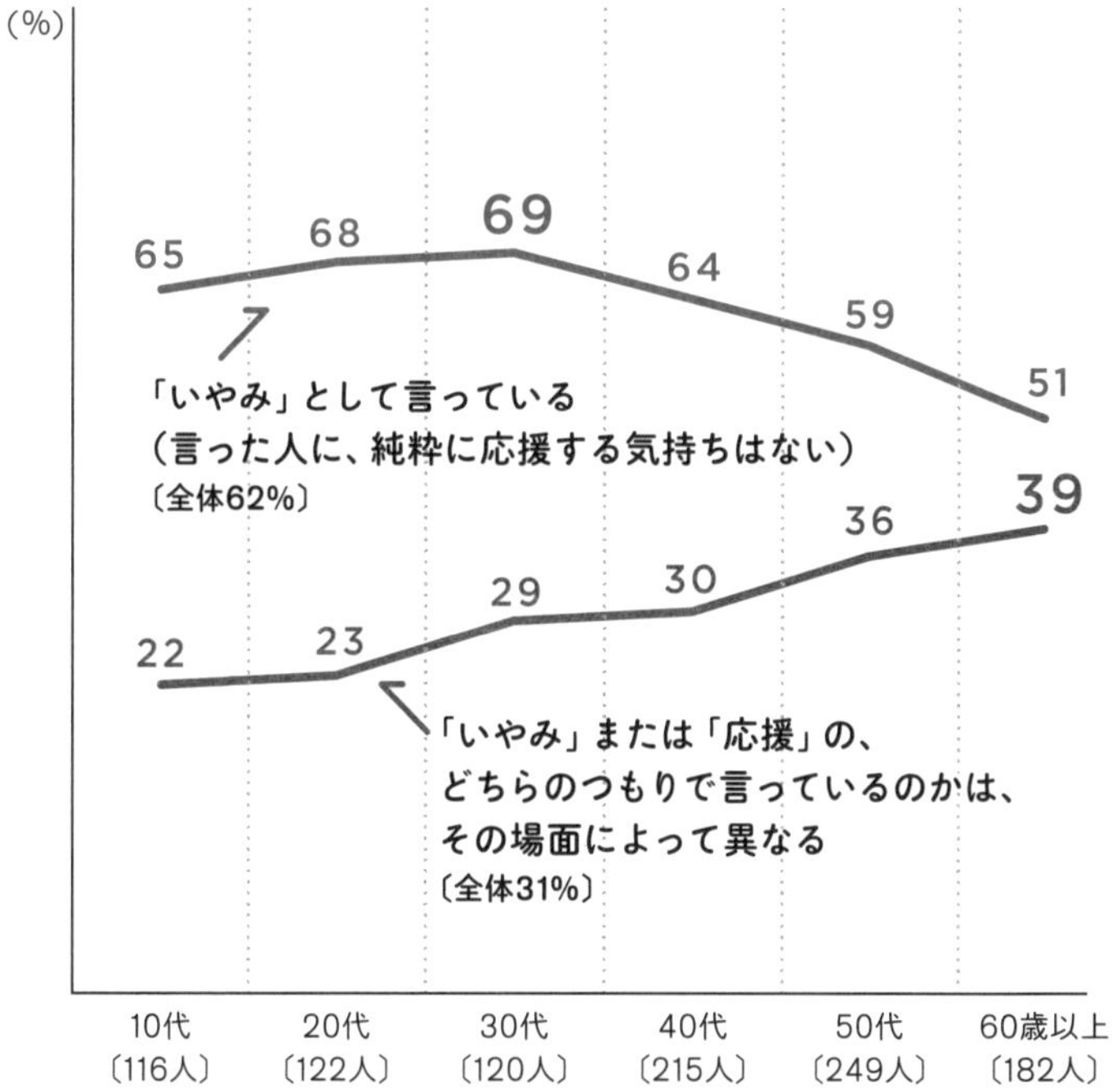

(2015年2月～3月実施、NHK放送文化研究所ウェブアンケート、1,004人回答)

ことばの研究

43

「多くの方々【　】来ていただきました」

↓が？　に？

Q

「きょう、会場には多くの方々【が】来ていただきました」という言い方は、おかしいのでしょうか。

A

「多くの方々【に】来ていただきました」と言ったほうがよいと思います。

まず、「来ていただきました」の「いただく」について考えてみましょう。これは、「おいしい食事をいただきました」のように動詞単独でも使いますが（「本動詞」の用法）、今回の「来ていただきました」のように、ほかの動詞（「来る」）の下に付いて使うこともよくあります（「補助動詞」の用法）。

本動詞の用法でも、補助動詞の用法でも、「いただく」が持つ文法的な骨組みはほとんど同じです。次の文では、ことばでは表されていませんが、実際の動作としては「山田先生がお菓子を（私に）与えた〔そしてそのおかげで私は恩恵を得た〕」「多くの方々が（私たちのために）来た〔そしてそのおかげで私は恩恵を得た〕」というできごとが起こっています。

・山田先生【に】　お菓子をいただきました。〔本動詞〕
・多くの方々【に】　来ていただきました。〔補助動詞〕

見ておわかりのように、実際の動作（「与える」「来る」）をした人（「山田先生」「多くの方々」）を表すのに、助詞【に】が使われています。これを、次のように【が】にすると、意味がまったく変わってしまいます。

・山田先生【が】お菓子をいただきました。〔本動詞〕
・多くの方々【が】来ていただきました。〔補助動詞〕

これだと、「（だれかが）お菓子を山田先生に与えた〔そしてそのおかげで山田先生は恩恵を得た〕」「（だれかが）多くの方々のために来た〔そしてそのおかげで多くの方々は恩恵を得た〕」ということになってしまうでしょう。

さて、文法的には「会場には多くの方々【に】来ていただきました」のほうがよいということになるのですが、【が】を用いた文でもおかしくないと考える人も、けっこういるようです。調査をおこなった結果では、全体の3分の1程度の人は「【が】でもおかしくない」と答えていました。※

では、なぜ【が】を用いてしまうこともあるのでしょうか。理由はいろいろ考えられますが、その一つに、同じような状況のときに謙譲語「いただく」ではなく尊敬語「くださる」を使った言い方もありうることが指摘できそうです。「くださる」の場合には、実際の動作をした人（「山田先生」「多くの方々」）を表すのに【に】ではなく【が】を使うので、これと混同してしまうのかもしれません。

・山田先生【が】お菓子をくださいました。〔本動詞〕

・多くの方々【が】来てくださいました。〔補助動詞〕

この「くださる」のほうも【が】と【に】を取り違えやすく、「会場には多くの方々【に】来てくださいました」でもおかしくないという人が、3割程度いました。

ややこしい文法の話でしたが、みなさんが最後の1行まで根気よく読んでいただけたことをうれしく思います。（↑気を抜くと、ぼくもこういう文を書いてしまいます）

「きょうは、多くの方々【に】来ていただきました」
「きょうは、多くの方々【が】来ていただきました」

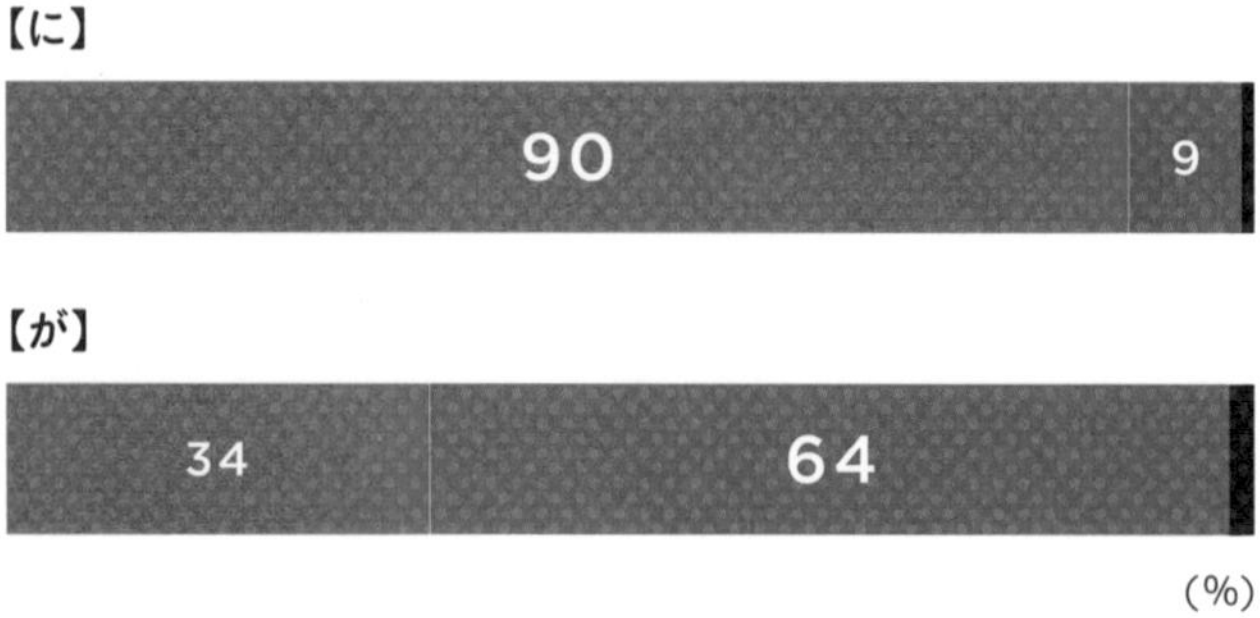

「きょうは、多くの方々【に】来てくださいました」
「きょうは、多くの方々【が】来てくださいました」

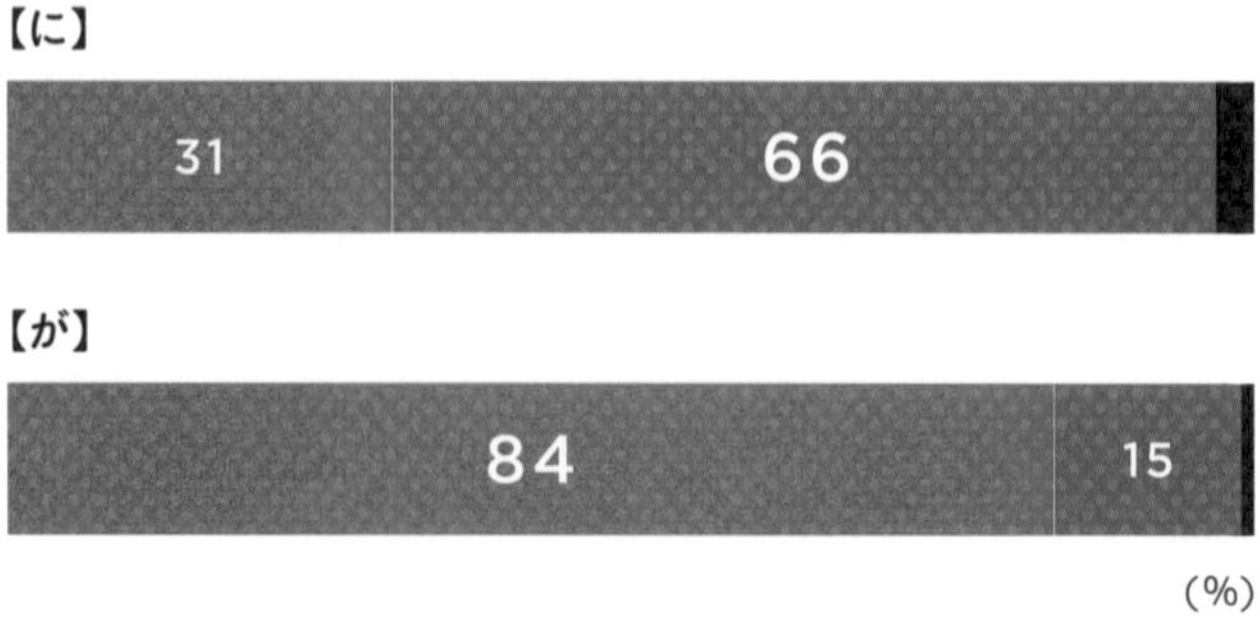

おかしくない
おかしい
わからない

（2021年2月実施、全国1,208人回答
〔計画標本数4,000、有効回答率30.2%〕）

※塩田雄大（2022）「"この報告は、多くの方々が読んでいただきたいです"」『放送研究と調査』第72巻第1号

ことばの研究 44

「コーヒーでお願いします」？

Q

「コーヒーでお願いします」という言い方は、おかしいのでしょうか。

A

間違った表現だとまでは言えませんが、聞き手に対して「完全に満足しているわけではないんだけれども、まあ、これで我慢しておこう」といった印象を与えかねません。

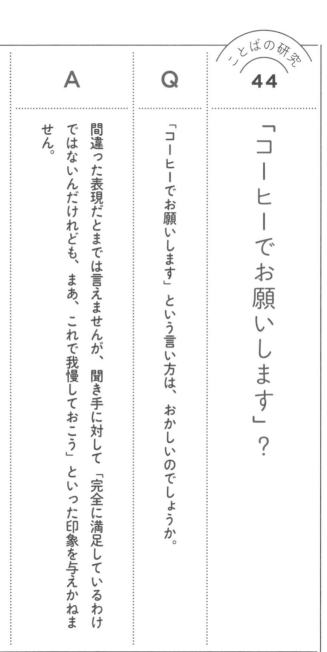

助詞「で」について考えてみましょう。『天才バカボン』のパパの決めゼリフを使わせていただきます。

「これでいいのだ。」

「これがいいのだ。」

「これでいいのだ。」は、おそらく「正解」がいくつもあると思われる中で、ひとまず及第点に達している結果の一つだ、といったようなことを表します。それに対して「これがいいのだ。」のほうは、「唯一無二の絶対的な正解」とでも呼べるようなものだというニュアンスがあります。

「コーヒーでお願いします。」

「コーヒーをお願いします。」

こうして比べてみると、「コーヒーでお願いします。」は「本当はほかに欲しいものがあるんだけれども、とりあえずコーヒーで」といった、なげやりな感じもしてきます。

一方「コーヒーをお願いします」のほうは、「ほかの飲みものではなく、コーヒーが欲しいんです」という純粋な気持ちが、強く伝わってきます（少し大げさですが）。

ウェブ上でおこなったアンケートでは、「コーヒーでお願いします」という言い方に対する抵抗感は、若い人ではさほど高くはないものの、高齢になるほど激しくなっていることがわかりました。

「で」の使用が自然になってくるのは、たとえば次のように「決して満足してはいない場合」です。

「ココアをお願いします。」

「すみません、あいにくココアは売り切れで、コーヒーしかないのですが。」

「じゃあ、コーヒーでお願いします。」

また、「紅茶をください。」「私はコーヒーでお願いします。」のように、「対比」の意識がある場合にも「で」が自然に用いられます。

ご説明はこの程度でよろしいでしょうか。あ、しつこいですか。この程度がよろしいですね。

「何をお飲みになりますか」と尋ねられたときの答え方は、
「コーヒーをお願いします」？
「コーヒーでお願いします」？

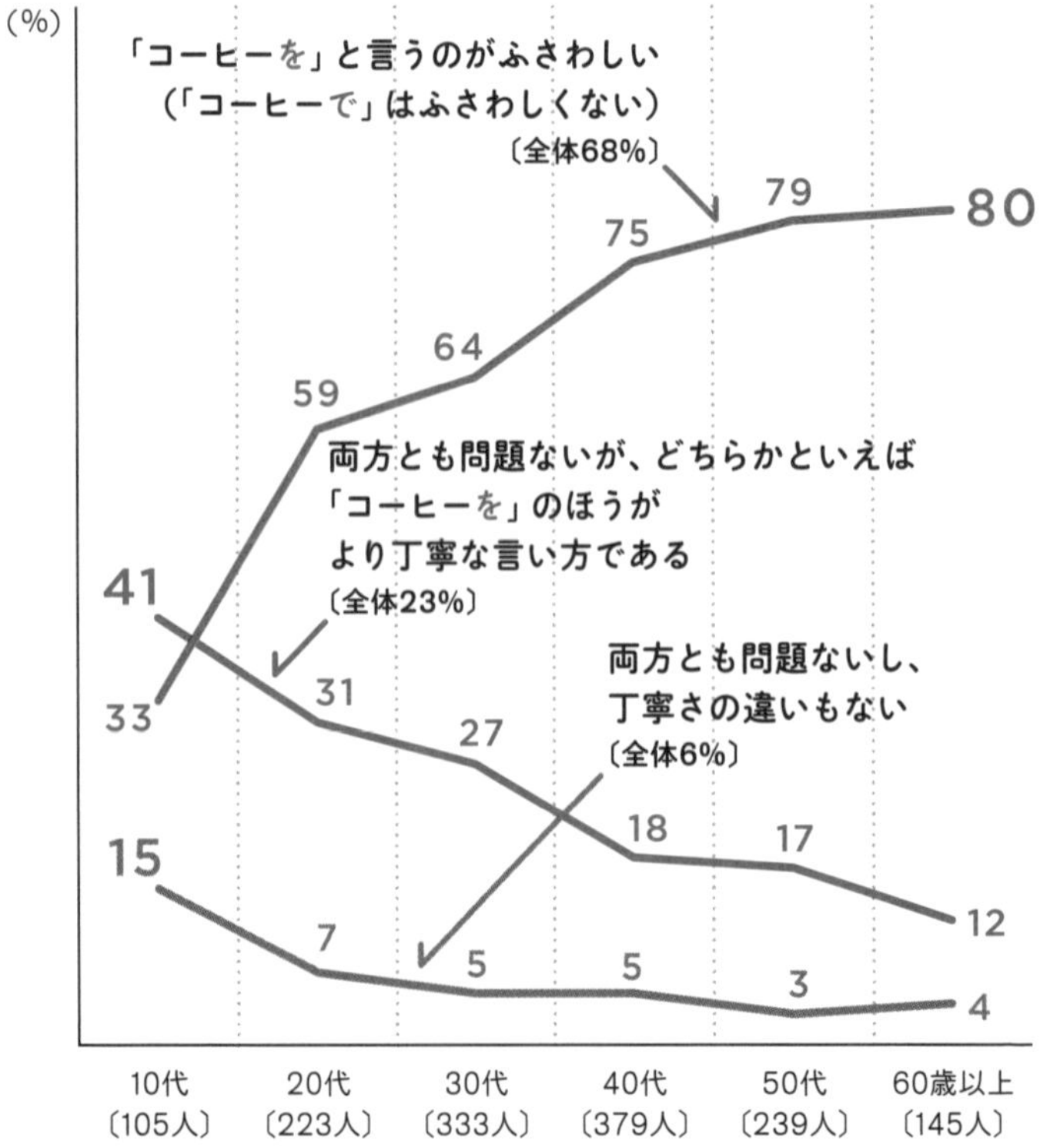

（2008年1月～2月実施、NHK放送文化研究所ウェブアンケート、1,424人回答）

ことばの研究
45

「ありがとうございます」？

Q

上司から用事を頼まれて「はい、ありがとうございます」と返事をしたところ、変な顔をされました。

A

最近「ありがとうございます」が、これまでとは違った場面で使われることが目立ち始めています。

「ありがとうございます」は、もともと「(そうあってほしいと願っていても普通このようなことは)そうそうあるものではありません(=有り難い)」という意味です。相手がしてくれたことに対してこう言うことによって、感謝の気持ちを表すものです。一般的に、【自分が恩恵を受けた】場合に使います。

ところがこのごろ、【自分が恩恵を受けた】とは考えにくい場面で「ありがとうございます」を使う人が結構います。たとえば次のようなものです。

上司：これ、10部コピーとっておいて。
部下：はい、ありがとうございます。

これまでの習慣から言えば、「かしこまりました」「承知いたしました」などと言うべきところだと思います。この新しい使い方のことを、「ありがとうございますの『了解』用法」とでも呼んでおきましょう。

想像ですが、「かしこまりました」「承知いたしました」では硬すぎるし、「了解しました」だとやや冷たい印象を与えかねないという発想から、「ありがとうございます」が選ばれているように考えています。またその背景として、チェーン系の居酒屋などで注文を受けたときの「ありがとうございます！」「喜んで！」といった返事を聞き慣れてしまっていることが挙げられるかもしれません（ただしこの居酒屋での「ありがとうございます！」は、「注文をしてくださりありがとうございます」という意味としてとらえられるので、大きな問題はありません）。

ウェブ上でアンケートをおこなってみたところ、このような「ありがとうございます」の使い方に接したことがある人は全体としてそれほど多くはないものの、若い世代を中心に目立ち始めている様子がうかがえました。このような使い方を問題ないと考える人は、（まだ）少数派です。

（上司）「これ、10部コピーとっておいて」
（部下）「はい、『ありがとうございます』」

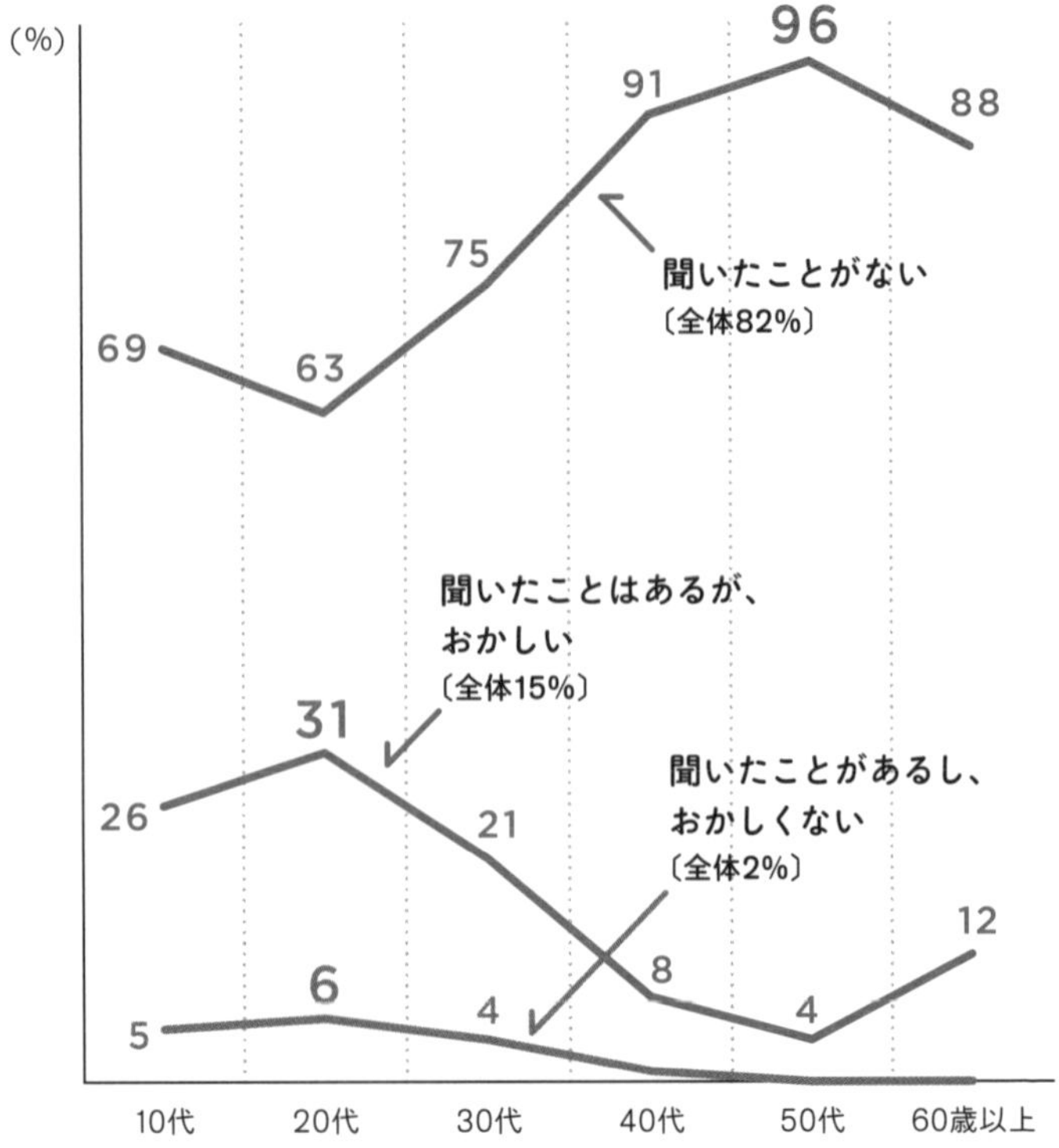

（2012年7月〜8月実施、NHK放送文化研究所ウェブアンケート、343人回答）

Chapter 6

迷える日本語

文法の陰謀

ことばの研究

46

「だ抜き」ことば？

Q

「大丈夫と思います」という言い方は、おかしいのでしょうか。

A

「大丈夫だと思います」というように、「だ」を入れた形のほうが現代では抵抗なく受け入れられます。「大丈夫と思います」のような言い方は、「だ抜きことば」と呼べるかもしれません。

ある判断をしているという意味で、「〜と思う」という言い方をすることがあります。「〜と思う」の「〜」の部分は、そのままでも文として通用する形のものがくるのが通例です。

「あしたは晴れると思います。」←「あしたは晴れる。」

「あしたは暑いと思います。」←「あしたは暑い。」

これと同じように、形容動詞「大丈夫だ」が正式な「文」として成り立つためには、やはり「だ」を入れておいたほうが、現代ではふさわしいのです。※

「大丈夫だと思います。」←「大丈夫だ。」

「大丈夫と思います。」←「大丈夫。」

この「だ抜きことば」について、ウェブ上でアンケートをしてみました（2009年2月〜3月実施、763人回答）。「『行かなくても大丈夫と思います』という言い方は『おかしい』（『〜大丈夫だと思います』が正しい）」という回答が全体で77％にのぼり、抵抗感が強いことがわかります。一方で北海道・東北ではこの言い方に対する抵抗がそれほど強くはないような様子がうかがえました。

「そんな言い方は自分では使わない」という方も多いかもしれませんが、実際によく使われています。

「フランスは大丈夫と思って成田まで来たので残念です。」

「高さ数十センチ程度だから大丈夫と思わずに……」

「誰からも立派と思われる横綱になってほしい。」

「高齢の母親の面倒が大変と思い……」

聞いていて耳にすんなりと入ってくるのは、やはり「だ」の入った形のほうです。ちょっと頭の片隅においておくと、便利だと思います。

※なお、言語学者の南部智史さんによると、歴史的には「だ」のない形が普通だったのが、あとになって「だ」が入る形のほうが正しいと感じられるようになったとのことです。

ことばの研究 47

眠い？ 眠たい？

Q

「眠い」と「眠たい」とは、どう違うのでしょうか。

A

これは難問ですね。しいて言うならば、「眠い」よりも「眠たい」のほうが実感がこもっている、となるでしょうか。

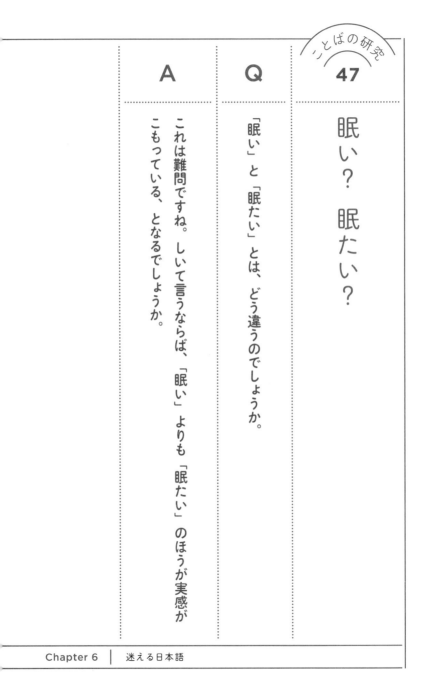

まず、地域差について考えてみましょう。明治時代の資料に、東京では「ねむい」、上方では「ねぶたい」と言う、という記述があります（なお歴史的には「ねぶたい」のほうが古いことばです）。

この地域差はいまでも残っているかもしれませんが、それでも「眠い」しか使わない、あるいは「眠たい・ねぶたい」しか使わない、という人は、現代ではあまり多くないと思います。何らかの使い分けがありそうです。

ここで、「〜たい」という形のことばをいくつか集めてみましょう。

厚ぼったい、口はばったい、じれったい、腫れぼったい、やぼったい、……

どれも、うっとうしいような「マイナスイメージ」を表すようなことばであることにお気づきでしょうか。

また、「眠い／眠たい」のように「〜い／〜たい」がペアになっていることばも、いくつかあります。

重い／重たい、煙い／煙たい、……

「1円玉よりも10円玉のほうが［重い／重たい］」という文について考えてみると、この場合「重たい」は使いにくいのではないでしょうか。つまり物理的な事実としては10円玉のほうが重量が大きいけれども、それを「うっとうしいもの・いやなもの」と実感するほどのことはないから「重たい」は使いにくい、と言うことができそうです。

ここから、「眠たい」は、「眠い」ことを非常にうっとうしいものとして実感した場合の言い方だと考えることができるでしょう。

こんなふうに想像をめぐらせていくと、「うざい」よりも「うざったい」のほうが、もっとうっとうしいのかもしれませんね。

ことばの研究

48

すべき？ するべき？

Q

「解決すべき課題」「解決するべき課題」、どちらがよいでしょうか。

A

現代語としては、どちらでもかまいません。「すべき」のほうが、より伝統的な形です。ただし話しことばの場合には、たとえば「解決しなければならない課題」といった言い方に替えることはできないか、一度考えるようにしてみてもいいかもしれません。

この「べき」は、「べし」ということばを活用させたものです。これは、文語（昔の書きことば）で使われる助動詞です。ある動詞のあとに「べし」を連ねる場合、【動詞終止形＋「べし」】という形になります。

たとえば次のようなものです。この「打つ」「向かう」は、「終止形」です。

「やや内角をねらい、えぐりこむようにして、打つべし！　打つべし！」
（漫画『あしたのジョー』での矢吹丈のセリフ）

「自分とは何で　どこへ向かうべきか　問い続ければ見えてくる」
（アンジェラ・アキ「手紙〜拝啓　十五の君へ〜」アンジェラ・アキ作詞、2008年）

いろいろな動詞の中には、文語と現代口語（いまの話しことば）とで終止形が大きく異なるものもあるのですが、「打つ」「向かう」についてはこの問題はありません。

さて、ここで「解決すべき〜解決するべき」の「す〜する」に着目してみましょう。「す」は文語での終止形、「する」は現代口語での終止形です。終止形が、時がたつのにつれて、

「す」から「する」に様変わりしたものなのです。

つまり、こういうことになります。

①【文語での終止形「す」＋「べし」】ととらえた場合⇓「解決すべき課題」

②【現代口語での終止形「する」＋「べし」】ととらえた場合⇓「解決するべき課題」

「べし」はもともと文語の助動詞ですから、上に付く動詞のほうもそれに合わせる形で文語「す」を採用して①のようにするのは、まったく筋が通っています。一方、この言い回しは現代口語でも使うのだから、動詞の部分については現代口語「する」にして②のようにするというのも、なるほど一理あります。

全国調査をしてみたところ、「すべき」（＝①）を支持する人のほうが、「するべき」（＝②）を支持する人よりも多いことがわかりました。※

またこの調査では、（A）「［解決すべき／解決するべき］課題が多い。」と、（B）「早く［解決すべき／解決するべき］だ。」という2つの形式について尋ねたのですが、回答が「すべき」に集中する割合は、（A）のほうがやや高くなっています。（A）での「解決すべき／解決するべき」は、そのあとの名詞「課題」を修飾する形になっています。もしかすると、このように名詞を修飾する場合には、この部分のことばの長さをできるだけ短くコンパクトにしたいという意識（「するべき」よりも「すべき」のほうが短い）が、やや強く働いているのかもしれません。

ほかのことばについて考えてみると、「恥ずべきところ」は①のタイプですが（文語終止形「恥ず」）、これを②のタイプにした「恥じるべきところ」というような言い方（現代口語終止形「恥じる」）は、それほど見聞きしないように思います。

うーん、日本語、おそるべし。

「すべき」？「するべき」？

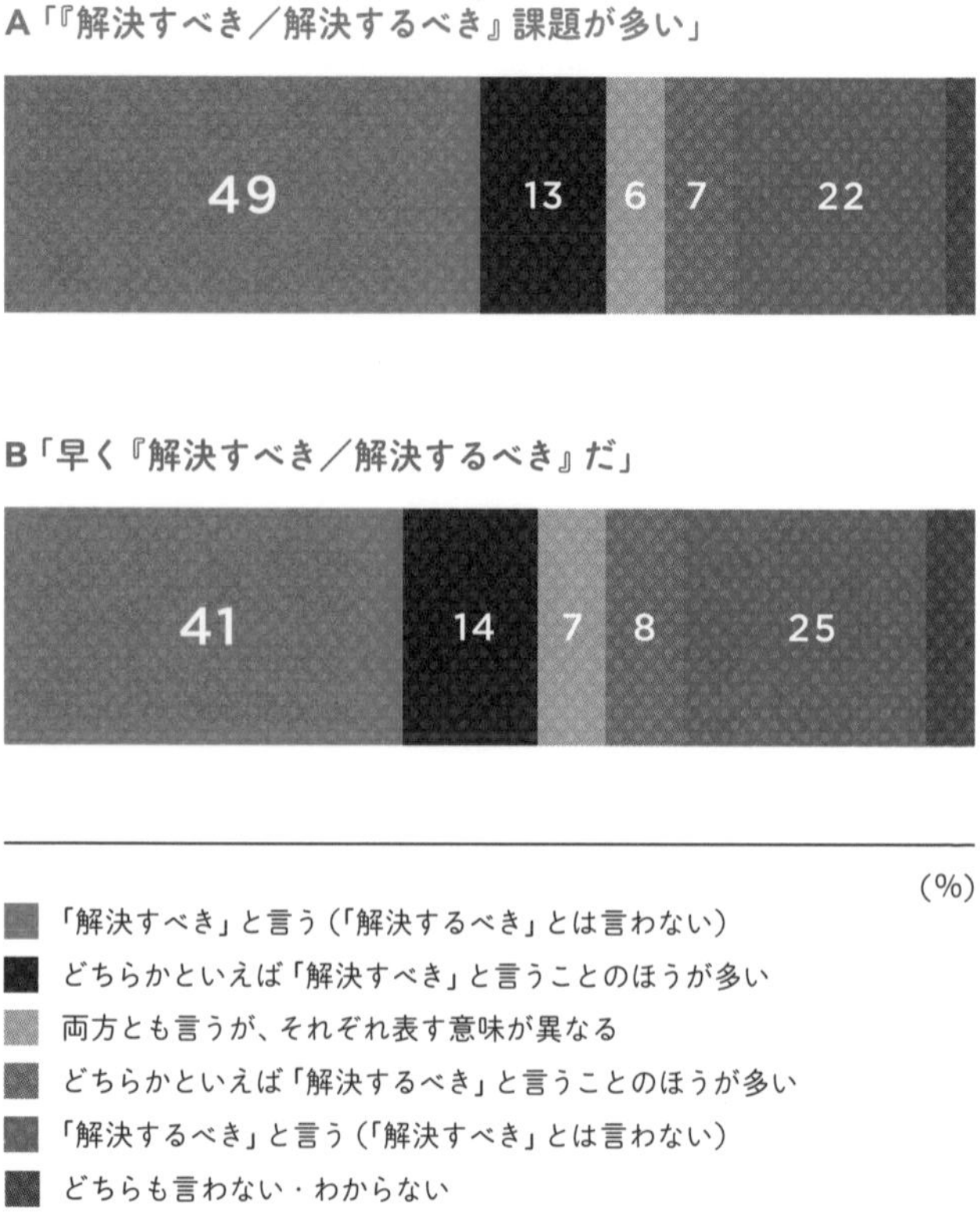

（2018年3月実施、1,200人回答〔計画標本数4,000、有効回答率30.0%〕）

※塩田雄大（2018）「"すべき" の問題をどうするべきか」『放送研究と調査』第68巻第12号

ことばの研究

49

「節電【に】心がける」「節電【を】心がける」？

Q

「節電【に】心がける」と「節電【を】心がける」とでは、どちらが正しいのでしょうか。

A

どちらも正しい言い方です。ですが、「節電【に】心がける」のほうは支持しないという人が、少しずつ増えているようです。

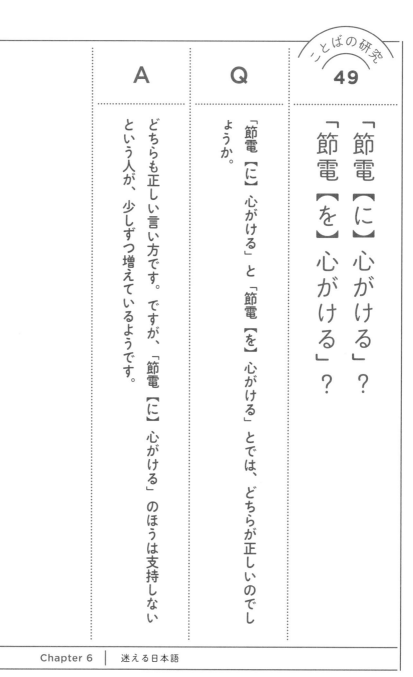

【に】と【を】のどちらも取ることができる言い方については、それぞれ意味・ニュアンスが少し異なることがよくあります。

「あやしげな男【に】注意する」
「あやしげな男【を】注意する」

まず「男に注意する」のほうは、用心したり警戒したりする意味です。意識を集中させる対象を示しています。

一方「男を注意する」については、ほかの人からもわかる形で警告をする（「コラッ！」と言うなど）という意味です。具体的な活動の向かう先を示していると言えるでしょう。

これと同じように、「節電に心がける」は、「節電」に意識を集中させるというニュアンスがあります。それに対して「節電を心がける」は、具体的な行動のほうに力点が置かれた言い方です。

ところが、特に若い人の間では「節電に心がける」という言い方をあまり支持しないという考え方が、多くなっているようです。ウェブ上でのアンケートでは、50代と60歳以上の層でもっとも多かった回答は「【に・を】どちらも正しいし意味もかなり似ている」であったのに対して、10代・20代では「【を】は正しいが【に】はおかしい」であることがわかりました。

また、この「節電に心がける」を支持しないという傾向（全体で36％）は、女性のほうに強く見られます（男性で29％、女性で41％）。

「節電に心がける」は、「意識を集中させる対象」が「節電」であることを表した言い方です。「節電」は意識するだけではなく、具体的な行動を伴わなければならないという考えから、「節電に心がける」への不支持が増えているのでしょうか。今後のなりゆきに（なりゆきを？）注目してゆきます。

「節電【に】心がける」「節電【を】心がける」は……

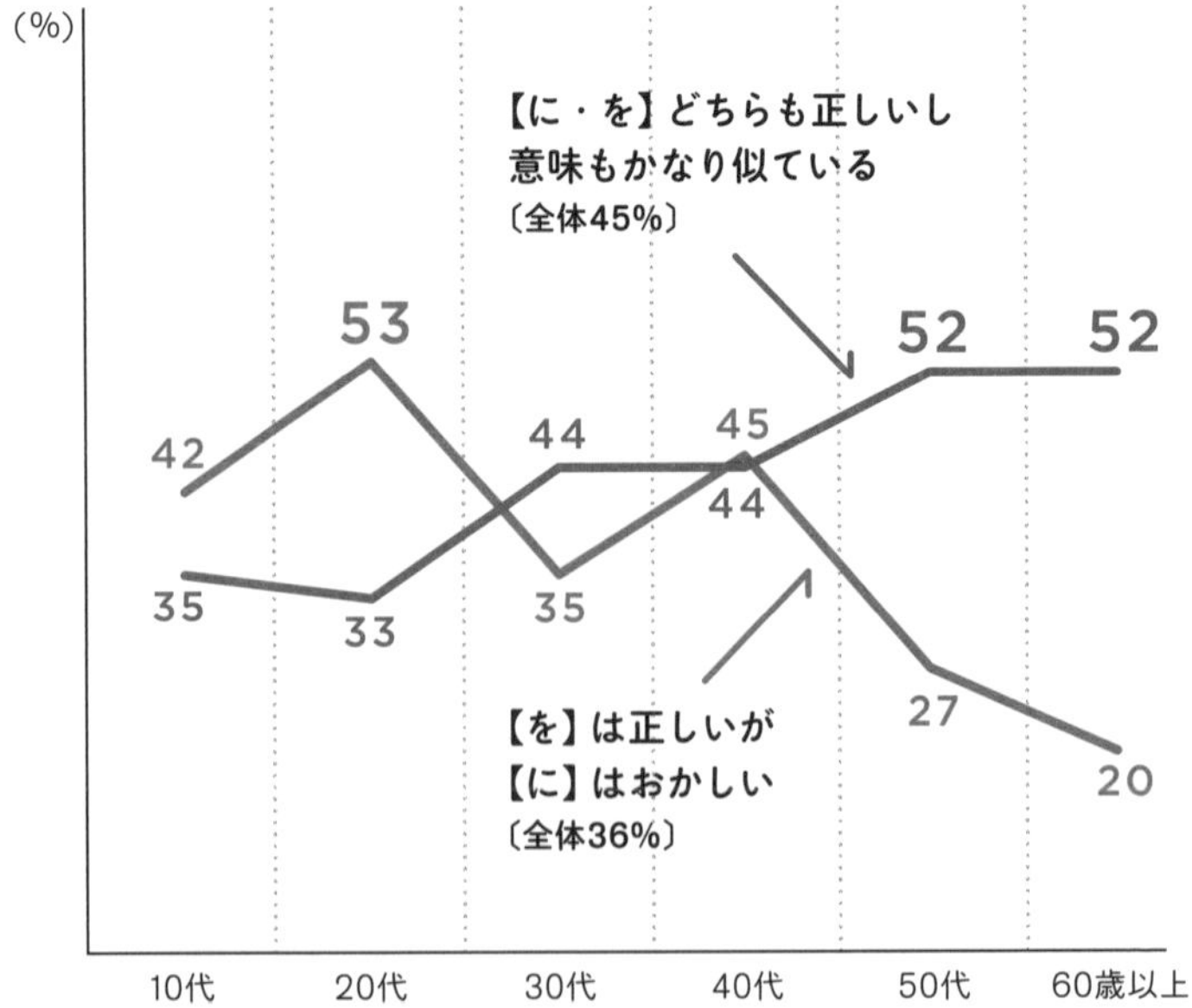

「痛みに耐える」「痛みを耐える」なども、両方とも使えてニュアンスが少し異なるものの例かもしれませんね。

(2011年7月～8月実施、NHK放送文化研究所ウェブアンケート、379人回答)

ことばの研究 50

「本【を】置いていない」と「本【が】置いていない」どちらがよい？

Q

「この書店は、受験関係の本【が】あまり置いていない」という言い方は、おかしいのでしょうか。

A

文法的には許容の範囲内だと思うのですが、これよりも「この書店は、受験関係の本【を】あまり置いていない」という言い方を支持する人のほうが多いのが現状です。

まず、次の2つを見てみます。

「この書店は、受験関係の本【を】たくさん置いている」
「この書店は、受験関係の本【が】たくさん置いてある」

どちらも言うことができますし、実質的な意味は同じです。ただし、「～ている」文と「～てある」文とでは助詞が異なるところ（【を】と【が】）に注意してください。

さて次に、これを否定の文にしてみます。動詞を否定形にするときには、その後ろに「～ない」を付けるのが基本です。ですが、一つだけ例外に当たる動詞があります。そう、「ある」だけは例外的に、「あらない」ではなくて「ない」という言い方をします（ただし「あらへん」などの形で方言ではよく使われます）。

	否定形
行く	行かない
いる	いない
ある	ない（×あらない）

これを適用すると、次のようになります。

Ⓐ「この書店は、受験関係の本【を】あまり置いていない」

Ⓑ「この書店は、受験関係の本【が】あまり置いてない」

Ⓐはまったく問題ありません。しかしⒷの「置いてない」という言い方は、外見上「い抜きことば」（話しことばで「食べていない」が「食べてない」となるもの）と同じ形になってしまうこともあり、かしこまった言い方としては受け入れられていません。

「置いてない」の代わりに、このような言い方がなされます。

Ⓒ「この書店は、受験関係の本【が】あまり置いていない」

「いない」は本来「いる」の否定形なのですが、ここでは「ある」の否定として（「ない」の代わりに）用いられているというわけです（「名前が書いてある」⇕「名前が書いていない」や「シールが貼ってある」⇕「シールが貼っていない」なども、同じ例です）。

要するにこういうことです。「本【を／が】置いていない」というような形で2つの言い方があるのですが、それぞれ由来が異なる（「本【を】置いている」の否定vs.「本【が】置いてある」の否定）のです。

（本【を】置いている⇕）Ⓐ 本【を】置いていない

（本【が】置いてある⇕）Ⓒ 本【が】置いていない

ただし、調査をしてみた結果、「本【を】置いていない」という言い方のほうを支持する回答が多くなりました。「本【が】置いてある」を否定文にしたⒸ「本【が】置いていない」はどうもあまり人気がないようで、代わりに受け身を使って「本【が】置かれていない」という言い方をすることもよくあるようです。

ぼくの書く文章には「結論を書いていない」とか「結論が書いていない」などと叱られることがあるのですが、今後とも気をつけます。

この書店は、受験関係の本
【を／が】あまり置いていない

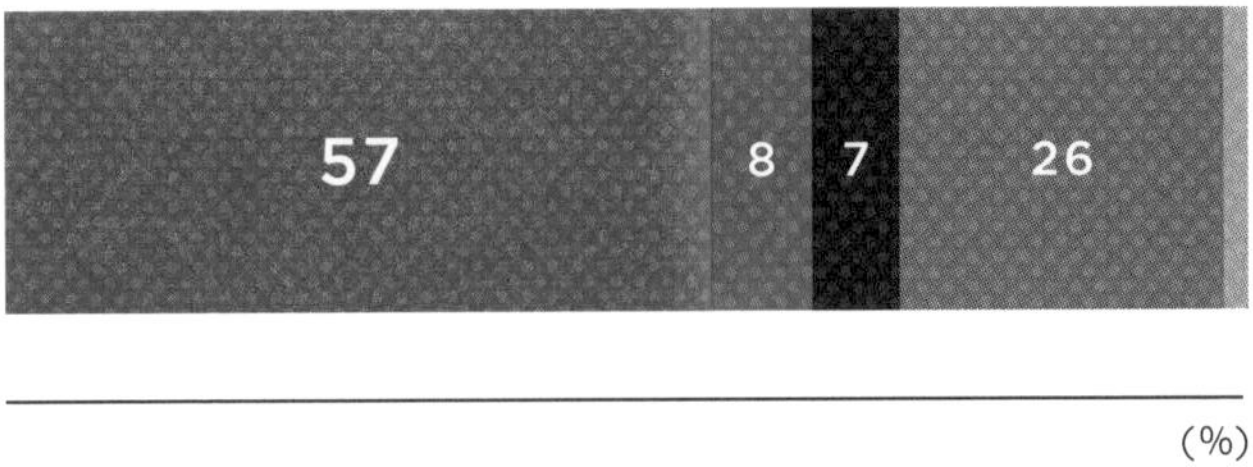

「を」と言う（「が」とは言わない）
どちらかといえば「を」と言うことのほうが多い
どちらかといえば「が」と言うことのほうが多い
「が」と言う（「を」とは言わない）
両方とも言わない・わからない

なお本文中で、「ある」の否定は「ない」だけで「あらない」という言い方はないと記しましたが、敬体(ですます体)の場合には「ないです」と同じ意味での「ありません」があります。

（2021年9月実施、全国1,200人回答〔計画標本数4,000、有効回答率30.0%〕）

ことばの研究

51

「関東地方【　】地震がありました」
↓【に】？【で】？

Q

「関東地方に地震がありました」「関東地方で地震がありました」のどちらが正しいのでしょうか。

A

どちらも正しい言い方です。「関東地方で」のほうは、〈地震〉を動的な出来事としてとらえるような印象がやや強いように感じられます。

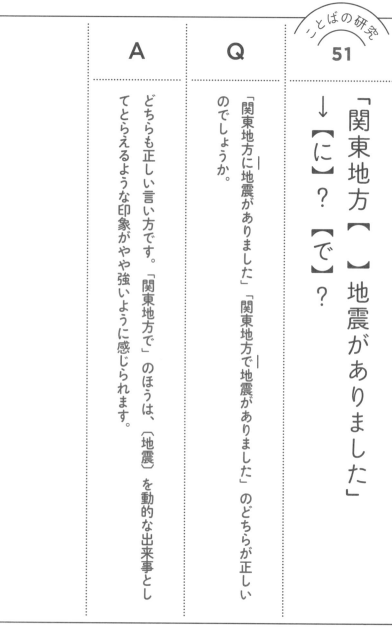

「～【に／で】＋〔名詞〕が＋あった」という文については、おおむね〔名詞〕がどのような性質のものであるかによって、【に】か【で】かが決まってきます。

〔名詞〕＝モノ
〇 機内【に】〔爆発物〕があった　× 機内【で】〔爆発物〕があった※
〔名詞〕＝静的な出来事
〇 社内【に】〔人事異動〕があった　〇 社内【で】〔人事異動〕があった
〔名詞〕＝動的な出来事
× 機内【に】〔けんか〕があった　〇 機内【で】〔けんか〕があった

ここでは〇・×を付けましたが、もしかするとみなさんの判定はそれぞれ異なるかもしれません。おおざっぱに言えるのは、〔名詞〕が「モノ」的であると【に】がふさわしくなり、反対に動作性が増してゆくと【で】が選ばれるようになる、といったようなことになりそうです。中間的な場合には、【に】と【で】の両方とも可能になります。

「…地震がありました」についてウェブ上でアンケートをおこなってみたところ、若い人は高齢の人にくらべて、「関東地方【に】」を「おかしい」と考える割合がやや大きいことがわかりました。〔地震〕を動的な出来事ととらえて【で】を用いる傾向が、強くなっているのかもしれません。

表す内容はほとんど同じでも、助詞【に】【で】のどちらを使うかによって、ニュアンスが変わってきます。

※「機内で爆発物を発見した!」という感覚が強い場合には、「機内【で】爆発物があった」という言い方も出やすくなります。

「関東地方【　】地震がありました」は……

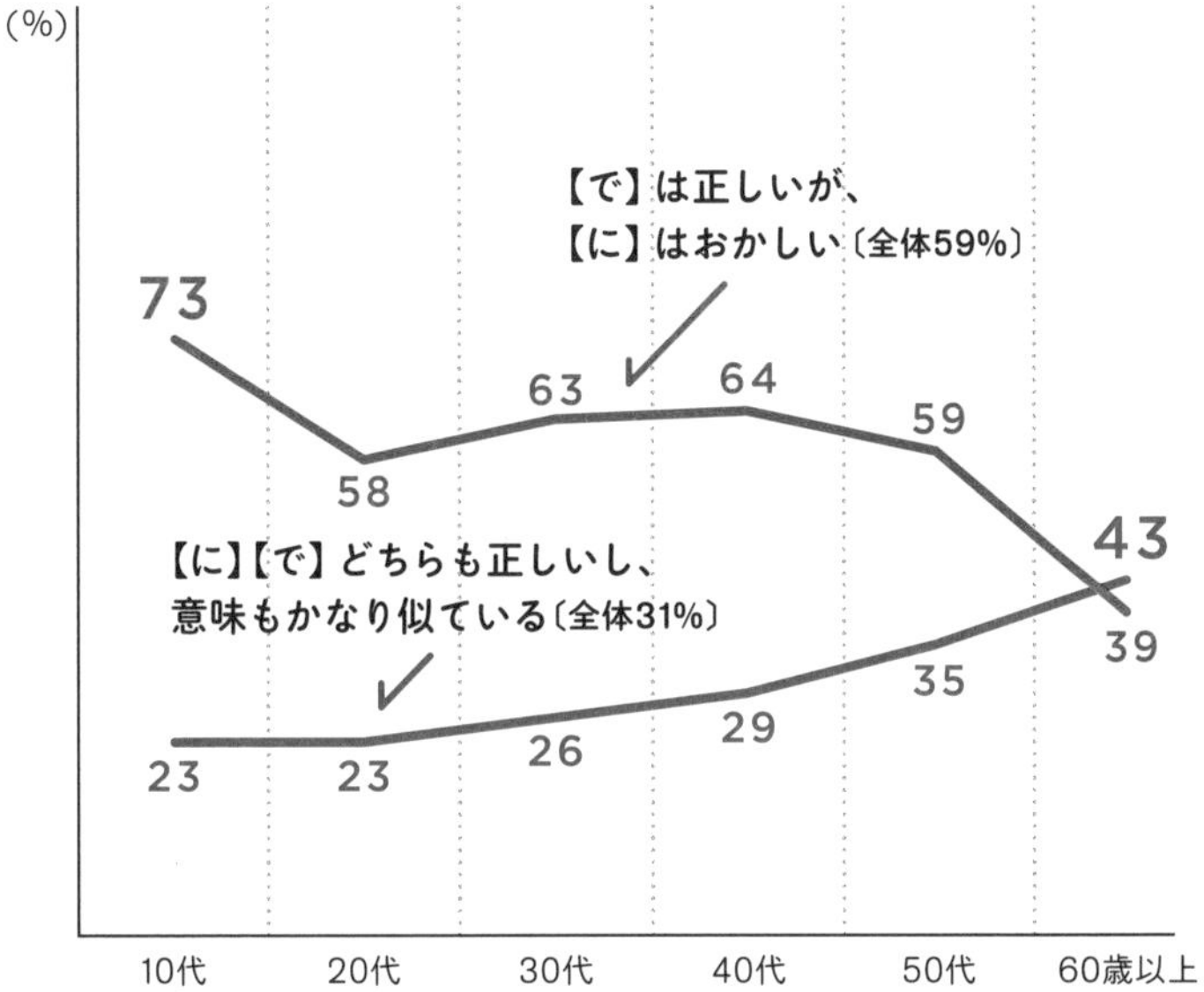

格助詞「で」は歴史的にはもともと「に」に「て」が付いた「にて」が変化して生まれたものなので、用法上「で」と「に」が重なるところも多いのかもしれません。

（2011年7月～8月実施、NHK放送文化研究所ウェブアンケート、379人回答）

ことばの研究

52

「サイト【が】リニューアル」？
「サイト【を】リニューアル」？

Q

ホームページに「サイトがリニューアルしました」と書いたところ、おかしいのではないかと言われました。

A

現時点では、「サイトがリニューアルしました」よりも、「サイトをリニューアルしました」という言い方のほうが、抵抗が少ないようです。ただし、この感じ方には年代によって違いも見られるので、今後注意が必要でしょう。

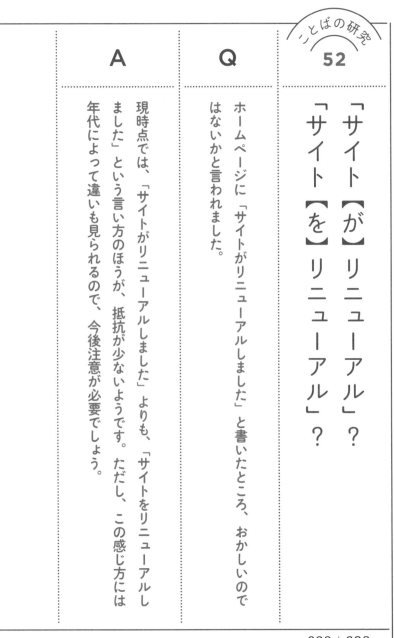

日本語として使われるようになってから歴史の浅い動詞の中には、「〜が〜する」という形がよいのか、あるいは「〜を〜する」という形がよいのか、しっかり定まっていないものがときどきあります。今回の「リニューアルする」も、その一つです。

このことについて、ウェブ上でアンケートをおこなってみました。「放送文化研究所のサイトがリニューアルしました」と「放送文化研究所のサイトをリニューアルしました」という2つの言い方について、問題があると感じるかどうかを尋ねたものです。この結果、全体としては、「〜が」のほうに問題を感じる人が多く、「〜を」のほうについてはそれほど多くないことがわかりました。ただし、この差は若い人になるほど縮まっていて、特に10代では「〜を」に問題を感じる人がほかの年代よりも多くなっています。もしかすると、将来は「サイトがリニューアルしました」という言い方が、普通になっていくかもしれません。

「サイト」はだれかが手を入れて作るものなのに、それを「サイトがリニューアルしました」などと勝手に姿を変えたかのように言うのはおかしいのではないか、という意見もあるかもしれません。ですが、日本語では「ご飯が炊けました」「おふろが沸きました」のように、あたかも「もの」が人間の手を借りずに変化したかのような言い方をすることがよくあります。「サイトがリニューアルしました」も、文法的におかしいとまでは言い切れないのです。

なお戦中の放送用語委員会では、放送には「敵艦が轟沈《ごうちん》しました」「敵艦を轟沈しました」のどちらがふさわしいか、というようなことが真剣に議論されていました。こんなことを話し合わなくてもいい平和な世の中であってほしいものです。

「放送文化研究所のサイト【が／を】リニューアルしました」

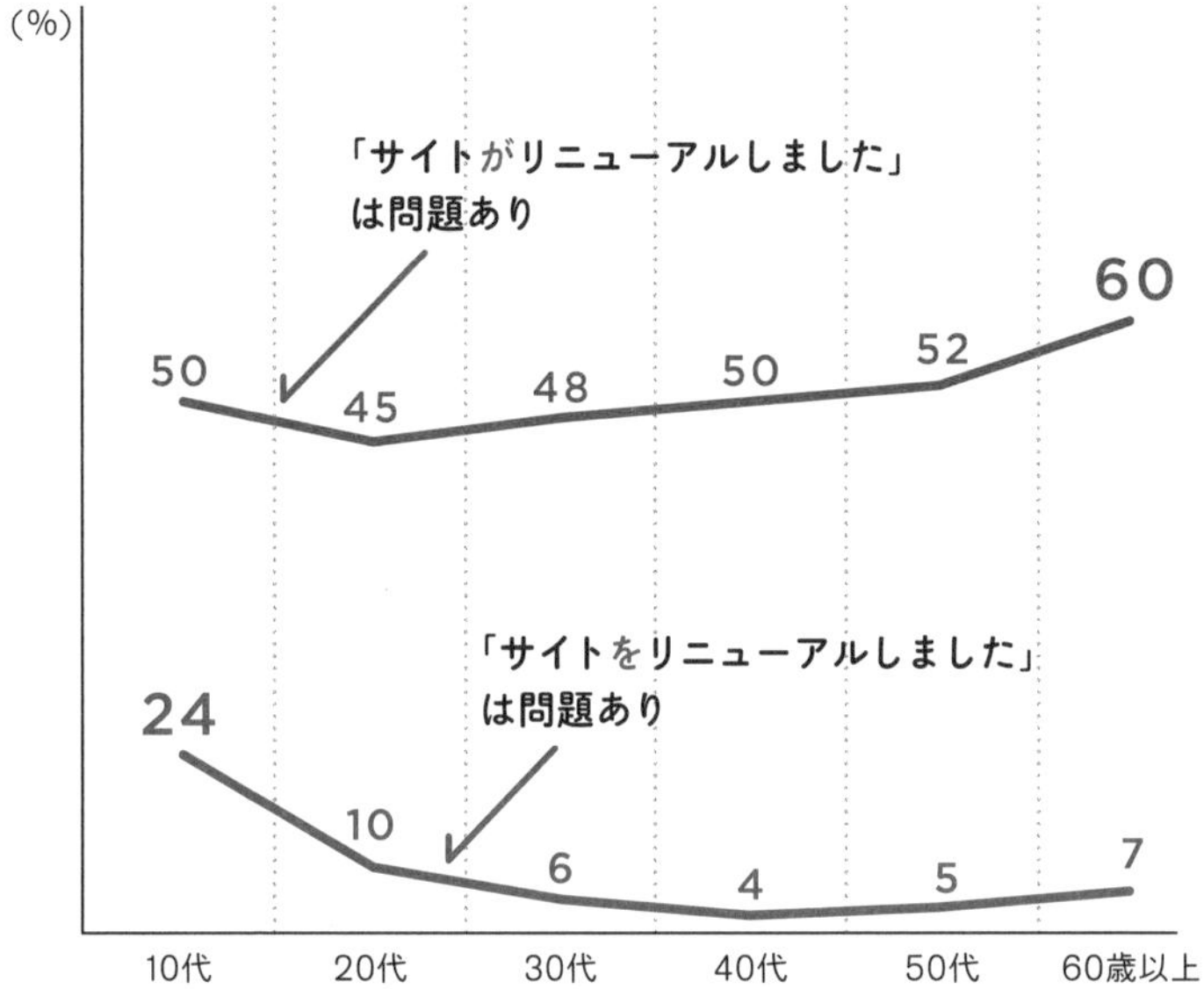

1943(昭和18)年10月の放送用語委員会で、「轟沈する」の使い方が検討されています。どのような結論になったのかは記録が残っていないのですが、当時は戦争関連のことばかり議論されていました(浅井真慧「放送用語の調査研究の変遷」『NHK放送文化調査研究年報1989』)。

(2008年11月～12月実施、NHK放送文化研究所ウェブアンケート、857人回答)

ことばの研究 53

「～のことを忘れない」？「～を忘れない」？

Q

「あなたのことを、決して忘れません」「あなたを、決して忘れません」は、どちらがよい言い方なのでしょうか。

A

どちらがよいということではなく、両方とも普通に使われている言い方です。ただし、ほんの少し、ニュアンスの違いがあります。

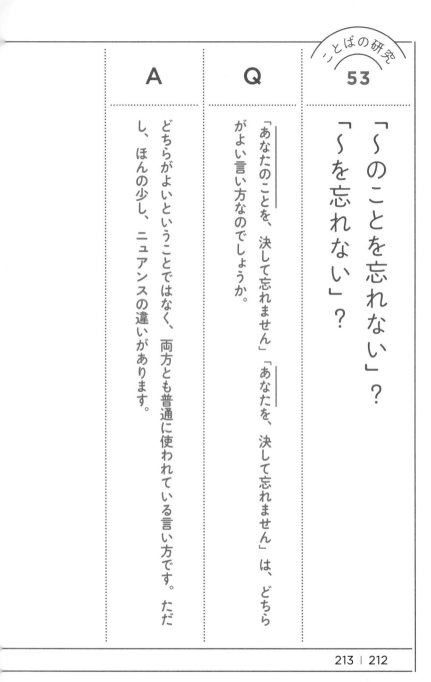

「〜のこと」ということばの使い方は、実はなかなかやっかいなのです。前と後ろにどんなことばが来るのかによって、微妙な違いがあります。今回は、後ろに「忘れる」という動詞が来る場合について考えていきましょう。

「〇〇（のこと）を忘れる」という言い方をするとき、「〇〇」の部分には、いろいろなことばが来ます。ここでは試しに、そのことばが指しているのが「生きもの以外」なのか、あるいは「生きもの」なのかという分け方をして、「傾向」（例外もたくさんあります）を考えてみます。

Ⅰ　「〇〇」が「生きもの以外」の場合

①　多くの場合、「〜のこと」を伴いにくい

「あの頃の生き方を　あなたは忘れないで」
（松任谷由実「卒業写真」荒井由実作詞、1975年）

「忘れないわ　あなたの声　やさしい仕草　手のぬくもり」
（アン・ルイス「グッドバイ・マイ・ラブ」なかにし礼作詞、1974年）

これは、「あの頃の生き方のことを」や「あなたの声のこと」とは言いにくいですね。ただし、「～があるということを忘れる」というような意味を表す場合には、「～のこと」がやや伴いやすくなるようです（例「病気のことも忘れて」「仕事のことも忘れて」）。

② 一方、時間・時期にかかわることばについては、「～のこと」を伴う場合が多い。

「9年前のことを忘れない」

「きょうのことは一生忘れない」

①とは反対に、「～のこと」のない「9年前を忘れない」「きょうは一生忘れない」のような言い方はそれほど一般的ではないように思います。

Ⅱ 「〇〇」が「生きもの（特に人間を表すことば）」の場合

⇓「～のこと」がある場合とない場合とで、ニュアンスの違いがある

「君を忘れない　曲がりくねった道を行く」

（スピッツ「チェリー」草野正宗作詞、２００７年）

「眠れぬ夜を　いくつも数えた　おまえのことを　忘れはしなかった」

（甲斐バンド「安奈」甲斐よしひろ作詞、1979年）

Ⅱの場合、「～のこと」のありなしによるニュアンスの違いの感じ方は、人によってさまざまでしょう。たとえば、「君を忘れない」では「君」そのもの（のみ）に着目しているのに対して、「君のことを忘れない」は「君」および「君」にまつわることすべて（ふるまい・しぐさ・ことばづかい・声・やさしさ・思い出・……）をひっくるめて全体的に表現しようとしている、といったような違いがありそうな気がするのですが、いかがでしょうか。

動詞「忘れる」は、人間の思考にかかわることばです。この点で共通する形容動詞「好きだ」についても、ここで説明した内容と同じような違いがあります。「君（のこと）が好きだ」は「～のこと」があってもなくてもＯＫですが、「（卵の）黄身（のこと）が好きだ」は、「～のこと」があると、なんだか気味が悪く感じませんか。

ことばの研究

54

「行きません」と「行かないです」

Q

「行きません」と「行かないです」は、どちらを使ったらよいのでしょうか。

A

どちらか一方が文法的に間違っているということはないのですが、特にかしこまったことばを使うような場面では「行きません」のほうがよく用いられます。「…ません」と「…ないです」の問題は、実はとても複雑です。

否定文の作り方について、品詞別に見てみましょう。

【名詞】　学生です　⇓　学生ではありません（かしこまった印象・書きことば的）
学生ではないです（くだけた印象・話しことば的）

名詞の肯定文「学生です」を否定文にする場合、現代語では、「学生ではありません」「学生ではないです」のどちらも可能です。ただし、「学生ではないです」のほうはややくだけた印象があり、特に書きことばで使うと、場合によっては違和感を与えてしまうこともあります。このような違いを、「文体差」と言います。

この文体差は、形容詞の否定文、動詞の否定文のときにも同じように見られます。

【形容詞】　寒いです　⇓　寒くありません
寒くないです

【動詞】　行きます　⇓　行きません
行かないです

この「寒くないです」「行かないです」は、「寒くありません」「行きません」に比べて、くだけた印象を感じさせます。

また、ものが「ない（＝非存在）」ことを表す「（時間が）ありません〜ないです」や、動作の「勧誘」を表す「行きませんか〜行かないですか」などの言い方もありますが、こうしたものでも同じように文体差があります。

ですが、それぞれの感じ方の「差の大きさ」は、それぞれ異なります。

調査をしてみたところ、【形容詞（否定）】の「寒くないです」や【名詞（非存在）】の「時間がないです」は、「おかしい」と感じる人がそれほど多くはありません（むしろ、「寒くありません」を「おかしい」と感じる人のほうが多くなっているようでした）。

一方、【名詞（否定）】の「学生ではないです」、【動詞（不可能）】【動詞（否定）】の「行けないです」「行かないです」では、「おかしい」と感じる人が全体の3分の1程度に達しています。また、【動詞（勧誘）】の「行かないですか」については、おかしいと感じる人が半数を超えています。

なお、この調査結果の数値の読み取り方ですが、「ません～ないです」はどのような場面で用いられるのかによって感じられ方・適切さが大きく変わってくるものであることに注意が必要です。ここではあくまで「2つの言い方のみを（場面の条件を示さずに）単純に比べたとしたら」という仮の前提で答えてもらったものとしてお考えください。くだけた会話であれば、「…ないです」が使われる割合はある程度高くなるはずです。

どうでしょう、むずかしくありませんでしたでしょうか。うまく伝えられたかどうか、自信がないです。

この言い方はおかしい

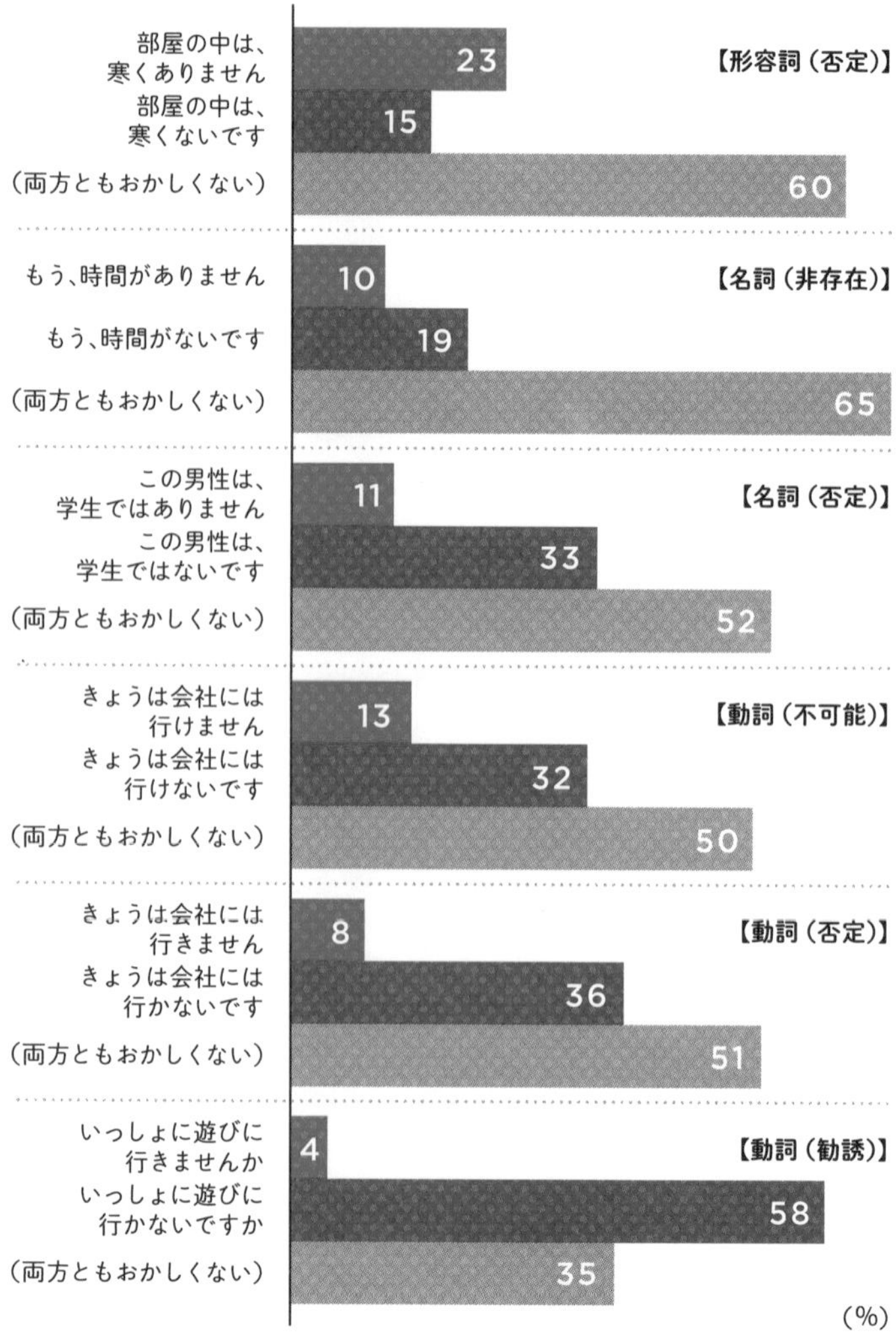

（2020年9月実施、全国1,202人回答〔計画標本数4,000、有効回答率30.1%〕）

ことばの研究 55

日本語は、最後まで聴かないとわからない？

Q

日本語は、文を最後まで注意して聴いていないと、意味が正反対になることがあると言われています。本当でしょうか。

A

ことばのしくみとしては確かにそうですが、それで誤解や混乱を招くことは、実際にはあまりありません。

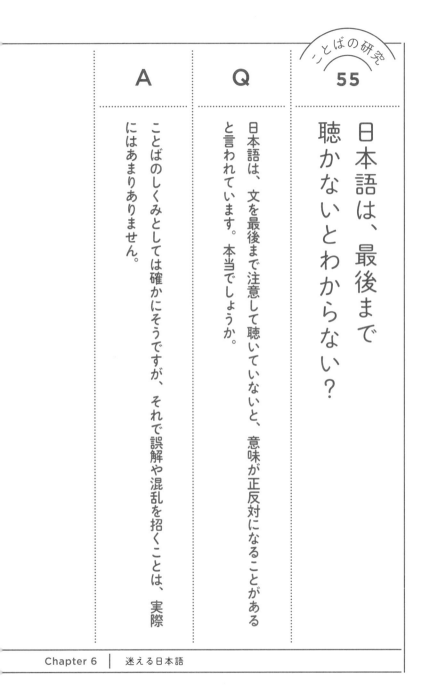

たとえば、次の文を比較してみましょう。

「私は学校に行きます。」

「私は学校に行きません。」

この場合、「…学校に行きま」までを聴いた段階では、そのあとが「〜す」（肯定文）なのか「〜せん」（否定文）なのかが、わかりません。

一方、英語ではどうでしょうか。

"I go to school."

"I don't go to school."

肯定文であれば"I"の直後に"go"が、また否定文であれば"I"の直後に"don't go"が来ています。つまりその時点で、肯定文か否定文かが判断できます。こうした点を取り上げて、「日本語は最後まで聴かないと理解できない言語である」と言われているのです。

ですが、実際に使われている言語として、このようなことによる「混乱」は、よく起こるものなのでしょうか。いいえ、実はあまり起こらないのです。

ウェブ上でのアンケートで、『きょうは、雨が…』『きょうは、雨は…』のあとには、どんなことばが続くと思うか」ということについて、尋ねてみました。すると多数派を占めたのは、「雨が…」のあとでは「降ります」〔＝肯定文〕、「雨は…」のあとでは「降りません」〔＝否定文〕でした。

つまり、日本語を話す人の脳内では、助詞が「は」であるか「が」であるかによって、次にどんなことばが続きそうなのかということを予測しながら、文を理解しているのだと考えられます。それだけに、一文の中でどんな助詞を選択して使うのかは、非常に重要なことです。

「雨」というものは、「降る」のが普通です。このように「普通」のことを言う場合には、「雨が…」となることが多いのです。その反対に、本来「降る」ものである「雨」に関して「降らない」と言う場合には、「雨は…」となる傾向が強いようです。

また、この「予測能力」は、女性のほうが優れているようです。助詞だけに女子のほうが、などと言うつもりはなかったのですが、成り行き上、しかたないですね。

「きょうは、雨が……」

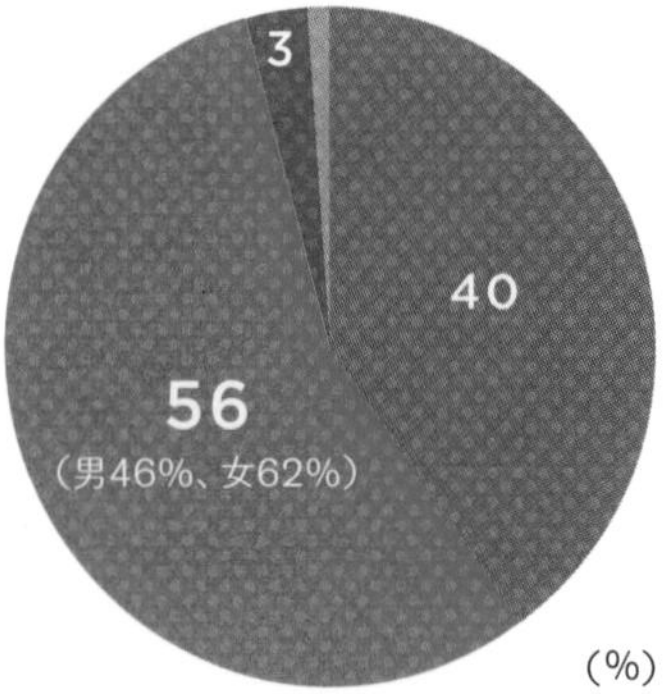

「きょうは、雨は……」

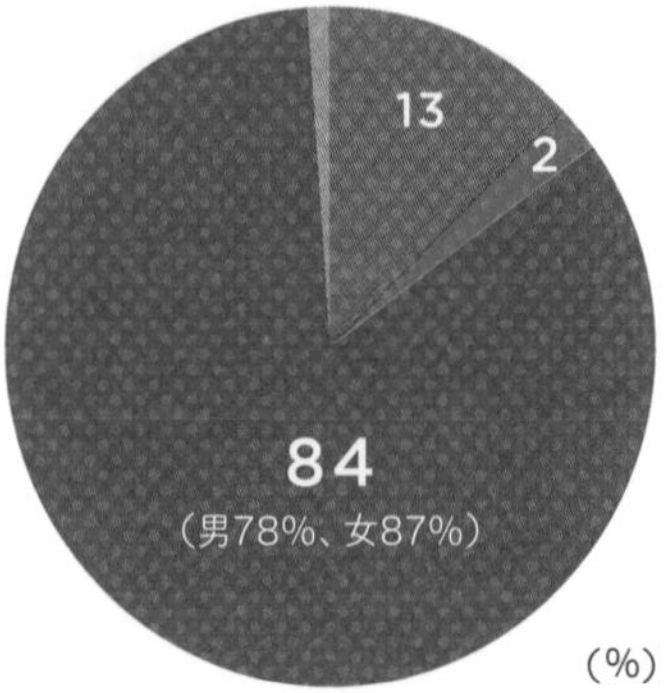

- 「降ります」「降りません」のどちらも自然につながると思う
- 普通、「降ります」と続くと思う（「降りません」には続かないと思う）
- 普通、「降りません」と続くと思う（「降ります」には続かないと思う）
- わからない

（2016年6月～7月実施、NHK放送文化研究所ウェブアンケート、694人回答）

Chapter 7

食べる日本語

食語のデザート

ことばの研究 56

カレーが好きな人は「辛党」?

Q

カレーやキムチが好きな人のことを「辛党」と言っても問題ないのでしょうか。

A

「辛党」は、酒の好きな人のことを指すことばです。最近では「からい食べもの」が好きな人のことを言うのに使われる場合もありますが、現時点では、まだ伝統的な使い方を守っておいたほうがよいでしょう。

「からい」は、古い日本語での中心的な意味は「舌を刺すような鋭い味覚」で、現代の「ぴりぴりする味」だけではなく、「しょっぱい味」や「すっぱい味」についても使われていました。「からい」が「しょっぱい味」のことを指すのは、西日本では現代でも一般的です。酒の味についても、「舌を刺すような鋭い味覚」というところから、「アルコール度数が高い」「甘みが少ない」といったことを表すのに「からい」が使われてきています。こうした使い方は、平安時代にも見られるものです。

「辛党」という言い方については、たとえば次のような昭和初期の用例があります。

「日本では甘党辛党などゝ称し、酒好きと菓子好きとを対立させてゐるが、これはどうも理屈に合はぬらしい。」（岸田國士『甘い話』、1930（昭和5）年）

「私は酒も好きだが、菓子も好きになつた（何もかも好きになりつつある、といつた方がよいかも知れない）、辛いものには辛いもののよさが、甘いものには甘いもののよさがある、右も左も甘党辛党万々歳である。」

（種田山頭火『其中日記』1935（昭和10）年の記録）

こうした例ではご覧のとおり、「辛党」が「酒好き」という意味で使われています。ウェブ上でおこなったアンケートの結果では、40歳以上では伝統的な『辛党』＝酒好き」という回答が主流であるのに対して、それよりも下の年代では革新的な『辛党』＝カレーやキムチ好き」といったような答えのほうが多くなっていました。

日本では伝統的に、とうがらしを大量に使った「ぴりぴりする味」の料理は、あまり作られてきませんでした。現在のように「ぴりぴりする味」を好む人が多くなったのは、1980年代の「激辛ブーム」以降ではないでしょうか。こうした人たちのことをうまく言い表すことばがそれまでなかったために、「辛党」が転用されるようになったのではないかと思います。

酒好きを表すことばに、「左党《さとう》」という言い方もあります。これには、職人などが「のみ」を持つのが左手であるため、「のみ手」→「飲み手」というだじゃれから生まれた言い方なのだという説があります。酒の席でのウンチクにどうぞ。

A「彼は、お酒が大好きな『辛党』です」
B「彼は、カレーやキムチが大好きな『辛党』です」

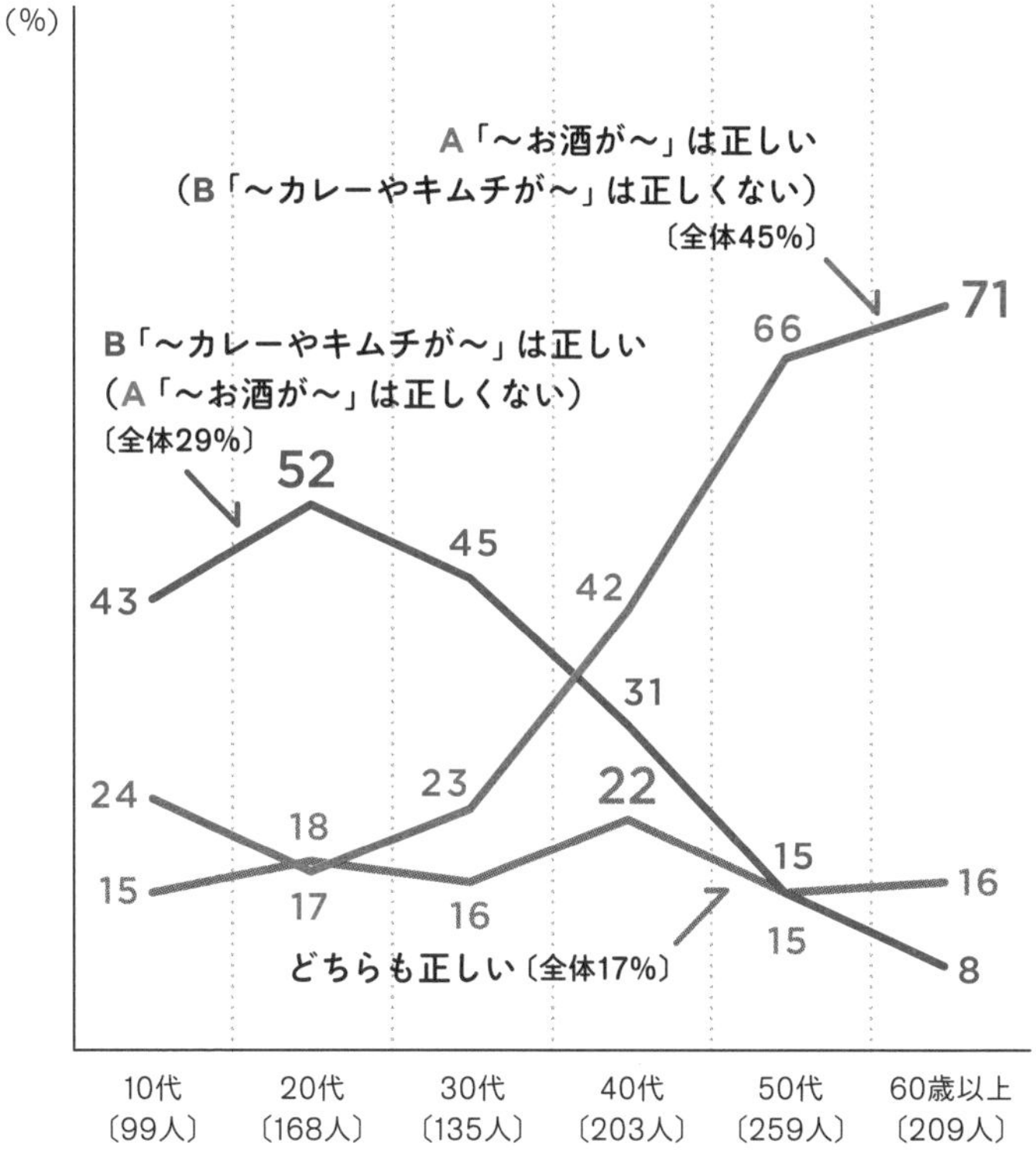

（2014年3月〜4月実施、NHK放送文化研究所ウェブアンケート、1,073人回答）

ことばの研究

57

「豚カツ」？「とんかつ」？「トンカツ」？

Q

「とんかつ」は、「豚カツ」と書けばいいのでしょうか。

A

この食べものは、日本語の書き方の習慣としては例外的に、「とんかつ」または「トンカツ」とすることが多いようです。

ひらがな・カタカナ・漢字の使い方に関して、次のような習慣があります。

・和語（やまとことば）……ひらがな、または漢字で書く
・漢語（音読みのことば）……漢字で書く
・外来語（カタカナ語）……カタカナで書く

これはあくまで「ゆるやかな習慣」で、たとえば漢語であっても、国が定めた「常用漢字表」にないようなむつかしい漢字の場合にはひらがなで書くこともありますし、また外来語であっても、たとえば「スニーカーぶるーす」や「はっぴいえんど」などのように、普通の書き方とはひと味違った印象を与えるために臨時的にひらがなで書かれることもあります。

また、このような全体的習慣とは別の書き方が定着している語もあります。その一例が「とんかつ・トンカツ」です。「とんかつ」の「とん」は漢語「豚（とん）」、「かつ」は外来語「カツ（もともとは英語cutlet）」ですから、「豚カツ」という書き方になりそうなものです。

しかしウェブ上でアンケートをしてみたところ、「豚カツ」という書き方はあまりなじみ

のないものであることがわかりました。「とんかつ・トンカツ・とんカツ・トンかつ・豚かつ・豚カツ」という選択肢を示した上で、この中から自分で使うことのある書き方をいくつでも答えてください、と尋ねた結果、「とんかつ（80％）」と「トンカツ（78％）」は多くの人が選んだのですが、「豚カツ」は33％にすぎませんでした。つまり、これは例外的に、「とんかつ」または「トンカツ」という書き方が定着していると言えます。

なお、それほど大きな数値の差ではないのですが、東日本では「とんかつ」の回答がもっとも多かったのに対して、西日本では「トンカツ」がトップでした。また、これとは別の調査（2015年7月）で、「キャベツ」をひらがなで「きゃべつ」とも書くという人は関東に多いといった結果も出ています。もしかすると、「外来語を、あえてひらがなで書く」ことは、東日本（または関東）で特に好まれているものなのかもしれません。

ぼくなどは、「トンカツ」だとソースが合いそうだけど、「とんかつ」にはしょうゆをかけたくなってきます。で、カリッと揚がってるのが「トンカツ」でさ、……長くなりそうなので、このへんでやめておきます。

どのように書きますか？（複数回答）

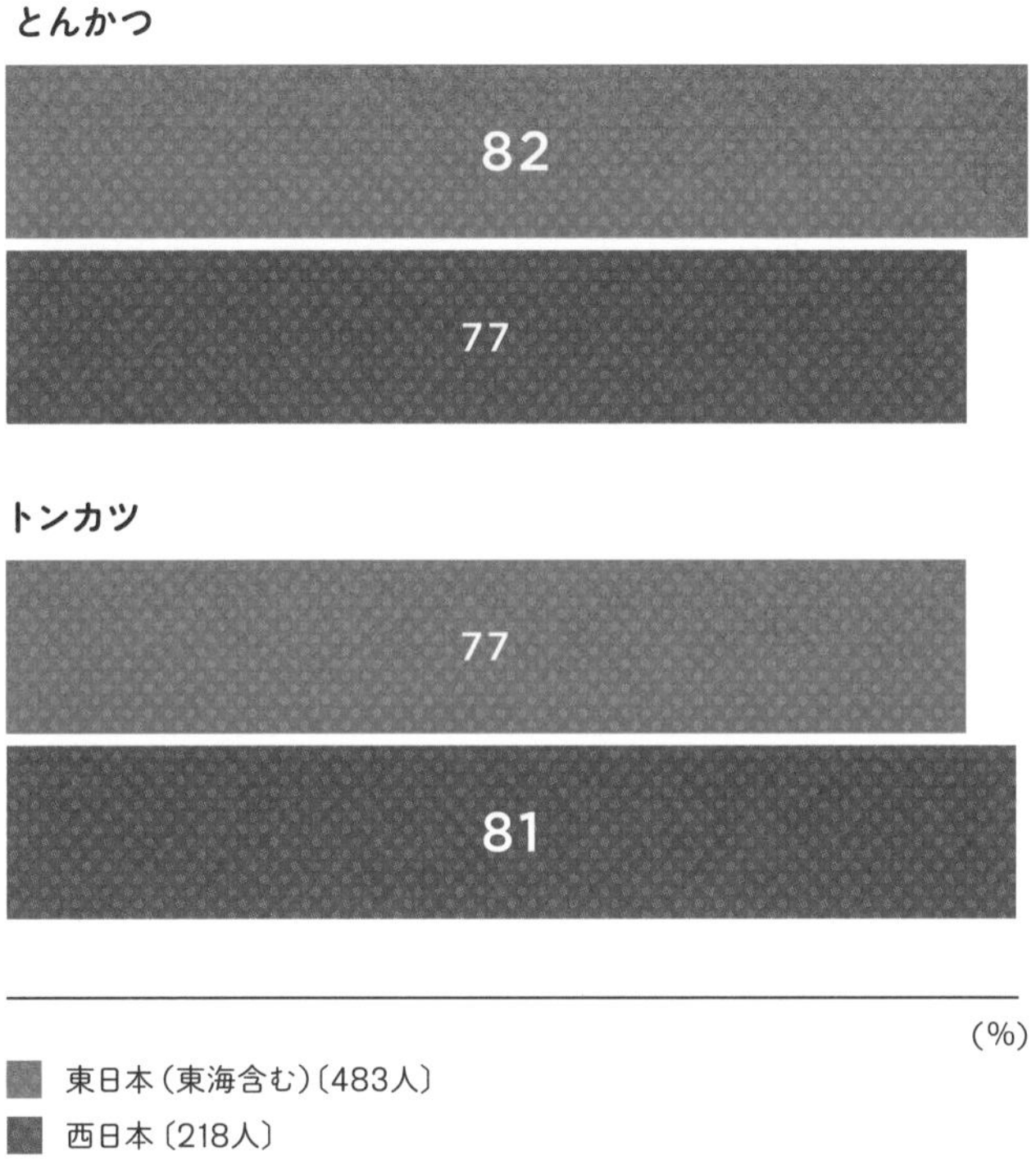

肉の「ヒレ」も外来語(フランス語のfiletから)なので「ヒレカツ」と書くのが基本なのですが、「ひれかつ」という書き方もかなりよく目にします。

（2010年3月〜4月実施、NHK放送文化研究所ウェブアンケート、724人（うち海外23人）回答）

ことばの研究
58

「サケの塩焼き」？「シャケの塩焼き」？

Q

「サケの塩焼き」「シャケの塩焼き」、どちらがよいのでしょうか。

A

どちらでもかまいません。放送で使うときの一番のおすすめは「サケ」で、二番目に「シャケ」ということになっていますが、あわせて、この魚を「動物の一種」として言及する場合には「サケ」で、「食材」としてとらえる場合には「シャケ」と言い分ける傾向も見られます。

サケとシャケは、むかしから両方の形が使われてきています。1867（慶応3）年に出た『和英語林集成（初版）』という和英辞典には、SAKE（サケ）とSHAKE（シャケ）の両方が載せられています（SHAKEの項には“Same as *Sake*”と記されています）。

また、シャケは「なまった形」であると感じられていたようで、1889・1890（明治22・23）年の『私版日本辞書言海』［第二冊・第三冊］にも「さけ」と「志やけ」が両方載せられていますが、「志やけ」の項には「さけノ訛」と記されています。

放送でどちらを使うかについては、放送のことばについて議論する放送用語委員会で、1935（昭和10）年に2回、1938（昭和13）年に1回話し合われ、最終的に「サケ（シャケ）」と決まったという記録があります（これは「サケを基本とするがシャケでも可」といったような位置づけだと思います）※。

このように、どちらかというとサケのほうが「正しい形」というようにとらえられてきているのですが、その一方で、これを「食材」としてとらえた場合にはシャケと言い分けるような傾向もあります。

サケ・シャケのように「動物」として扱う場合と「食材」として扱う場合とで言い方を変える傾向のある例は、ほかにもあります。

	動物	食材
牛	うし	ぎゅう（「牛ステーキ・牛のレバー」など）
豚	ぶた	とん（「とんかつ」の「とん」など）
鶏	にわとり	かしわ（西日本各地での言い方）

英語では、cow（動物）とbeef（食材）、pig（動物）とpork（食材）などを厳密に言い分けますが、日本語ではそこまではっきりとではないにしても、「ぎゅう・とん・かしわ」などを「動物」に対して使うことはほとんどないと思います。

いろいろと書いたのですが、どうでしょう、おわかりいただけたでしょうか。サケの話だけに、イクラ書いても書き足りません。

※塩田雄大（2001年）「カタクルシイ女・カタグルシイ男」『放送研究と調査』第51巻第9号

「サケ」？「シャケ」？

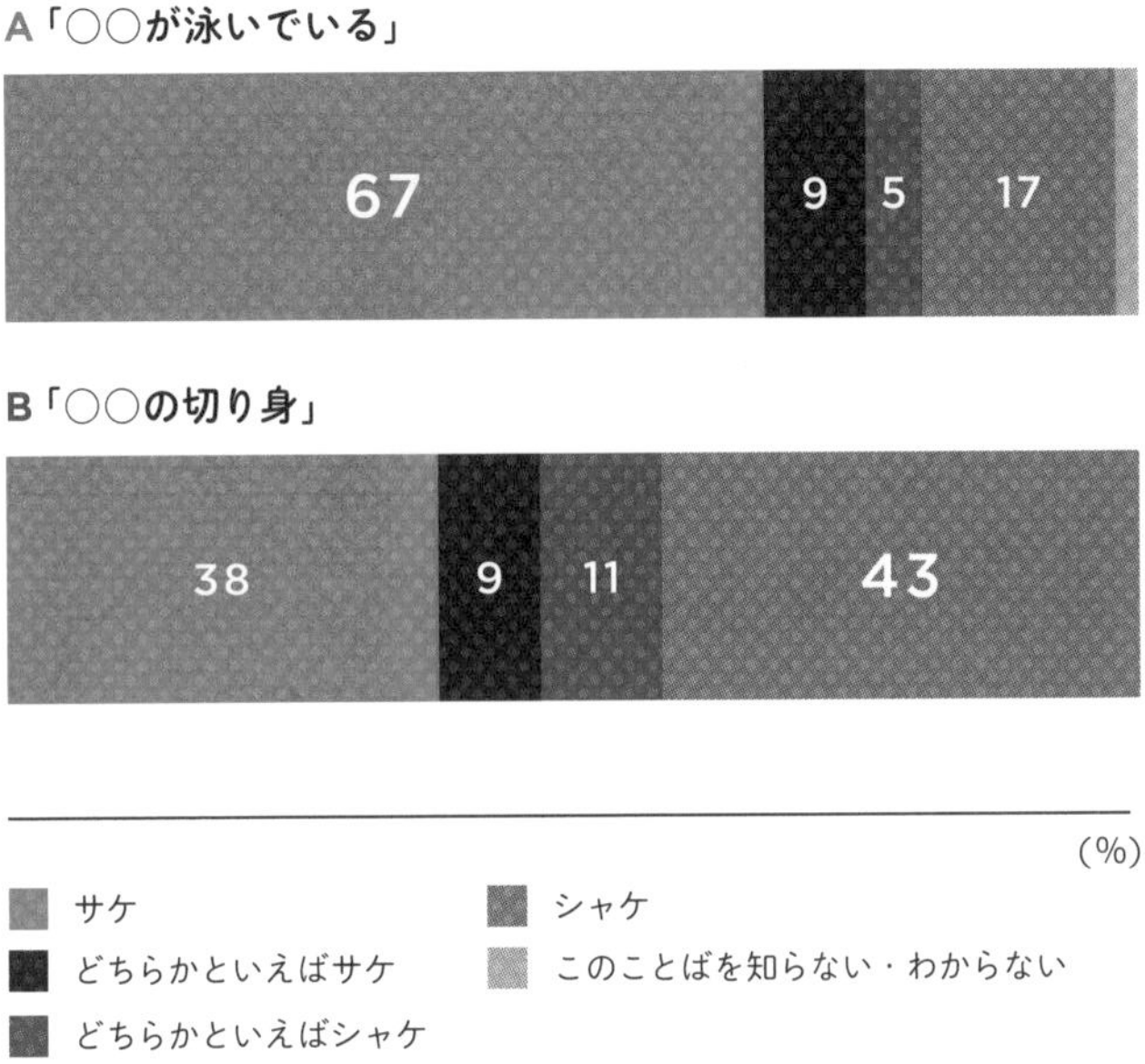

「○○が泳いでいる」と言う場合にはサケが圧倒的に多く、「○○の切り身」と言う場合にはシャケのほうが多いという結果が出ました。なお関東では、この2問ともシャケの回答が全国平均に比べて多くなっています。

（2021年6月実施、
全国1,201人回答
〔計画標本数4,000、
有効回答率30.0%〕）

ことばの研究 59

「おろし大根」と「大根おろし」は違うもの？

Q

「おろし大根」と「大根おろし」、どちらを使ったらよいのでしょうか。

A

どちらを使っても差し支えありません。ただし現代では、比較的若い年代では「大根おろし」のみを使うという人が多いようです。

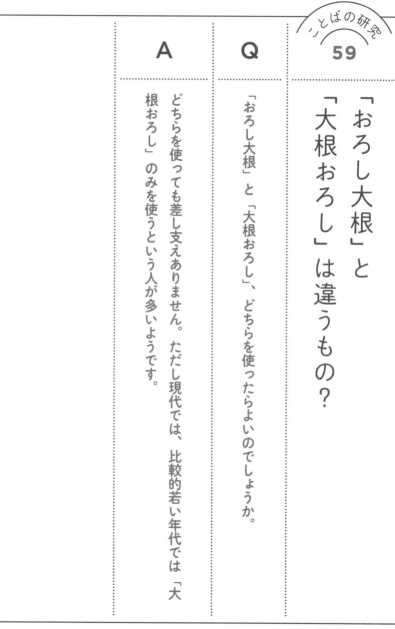

この2つの言い方は、どちらも古くから使われています。『日本国語大辞典（第二版）』では、「おろし大根」が使われている作品として江戸時代の浄瑠璃の例を、また「大根おろし」については同じく江戸時代の俳諧の例を掲げています。

ただし、ここで注意が必要です。「おろし大根」は「大根をすりおろした食べものそのもの」を指しますが、「大根おろし」はそれ以外に「大根おろしを作るための器具、つまり『おろしがね』」の意味でも使われます。そして、この「大根おろし」が「おろしがね」を指す例も、江戸時代にすでに見られるのです。食べものは「おろし大根」、器具は「大根おろし」という使い分けを個人的にしている、という人がいてもまったく不思議ではありません。

同じように考えてみると、「おろしわさび」は「食べもの」（と単純に呼ぶには少々からすぎるかもしれませんが）ですが、「わさびおろし」は「食べもの」と「器具」の両方の意味があると考えることができます。「おろしにんにく」と「にんにくおろし」も、これと同様です。

なお、「もみじおろし」は、大根をとうがらしやにんじんと一緒にすりおろしたものです。これについては、専用の器具は存在しないので、食べものの意味しか持っていません。また語順を変えて「おろしもみじ」とすると、「紅葉《もみじ》をすりおろしたもの」という個性的な創作料理のようになってしまいます。同じように、「しらすおろし（＝「しらす」に「おろし（大根）」を添えたもの）」はあっても「おろししらす」は考えにくいものです（あまり想像したくありません）。

ここから、「おろし大根」のように「動作＋食材」の語順では「その食材を加工・調理した食べもの」という意味になり、一方「大根おろし」のように「食材＋動作」の場合にはそれ以外の別の意味も生じうる、ということがわかってくるかと思います。

この「おろし大根・大根おろし問題」についてウェブ上で尋ねてみたところ、比較的若い人たちの間では「大根おろし」への統一化に向かっているような状況になっていました。なぜなのでしょうか。ピリッとしたうまい説明が、どうも思いつきません。

てんぷらなどに添えて食べる食べもののことを……

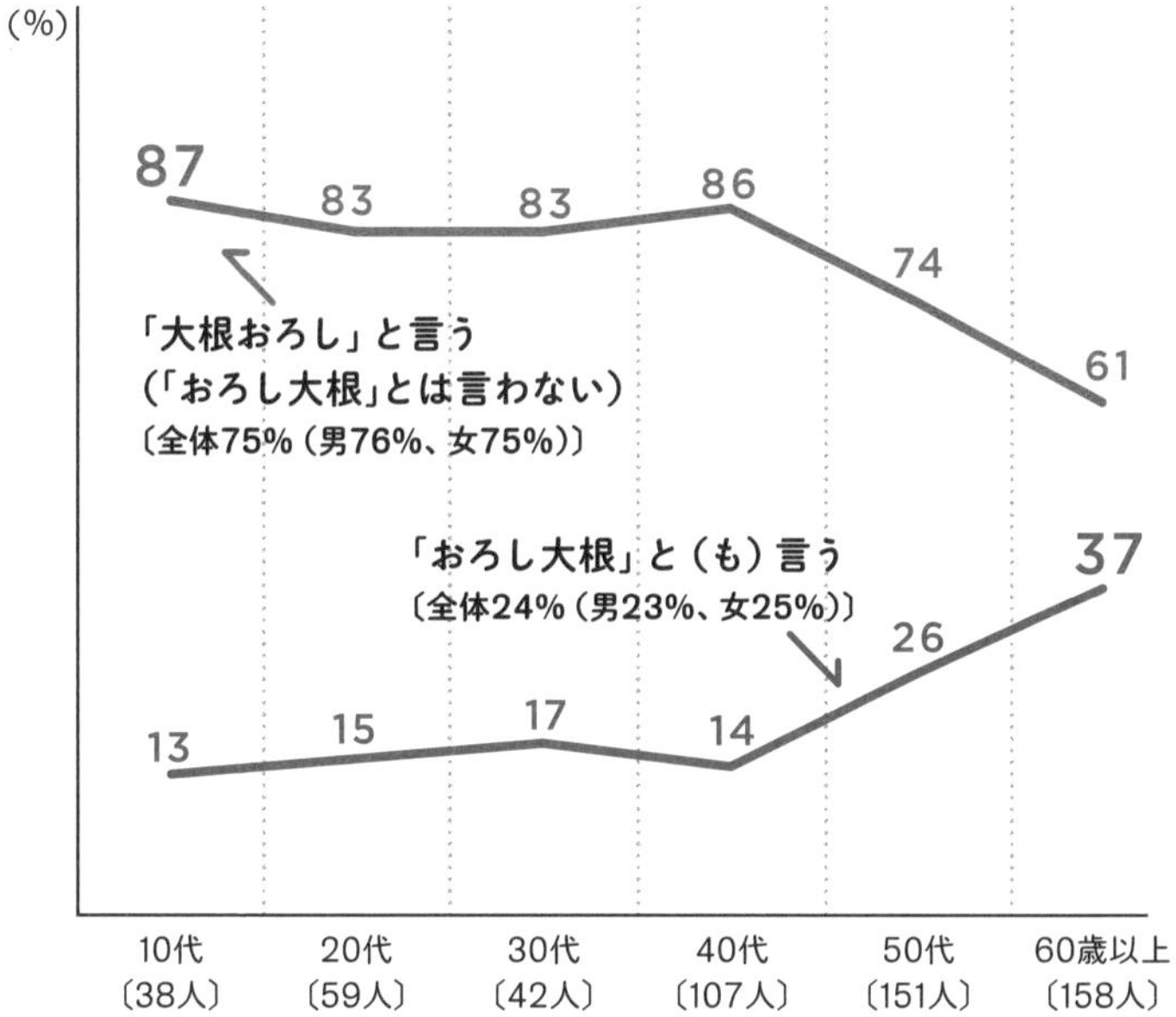

食べもので言うと、「アスパラのベーコン巻き」「ベーコンのアスパラ巻き」のどちらがいいのか、いつも迷います。「牛丼大盛り」と「大盛り牛丼」は?

(2017年9月～10月実施、NHK放送文化研究所ウェブアンケート、555人回答)

ことばの研究

60

「炒まる」?

Q

「野菜が炒まったら」という言い方は、いけないのでしょうか。

A

実際にある程度使われている言い回しではあるのですが、しっくりこないと感じる人も少なくないようです。

「炒まる」という動詞［自動詞］は、「炒める」という動詞［他動詞］から導き出されたものです。この「炒まる」という言い方がおかしいのかどうかについては、昔から議論になってきました。また1971年には放送用語委員会の席上で質問が出された記録があります（『NHK文研月報』第21巻第9号）。なかなかむつかしい問題なのです。

2019年におこなった調査の結果では、「野菜が炒まったら」という言い方は「おかしい」という人の割合が、6割以上になりました。

ややこしいのですが、この問題の文法的・意味的な面について、ちょっと考えてみます。「炒まる」という自動詞が成り立ちにくいのは、この動詞が示す具体的な動作とも関係している可能性がありそうです。

日本語では、ある人が、ある動作を意図的におこなう場合には、まず「他動詞」での表現が考えられます。

私が　ごはんを　炊く　［他動詞］
私が　おふろを　沸かす［他動詞］

一方、「ある人が、ある動作を意図的におこなう場合」であっても、自動詞を使った表現が好まれることが、よくあります。

「ごはんが炊けました」（↑実際には「私」がごはんを炊いた）

「おふろが沸きました」（↑実際には「私」がおふろを沸かした）

これを、他動詞を使って「ごはんを炊きました」「おふろを沸かしました」と言うと、場面によっては、「（あなたのために）わざわざ炊いてあげた」「（あなたのために）わざわざ沸かしてあげた」といったようなニュアンスが生まれてしまうこともあるのです。

ただし、すべての動詞に他動詞と自動詞がペアで備わっているわけではありません。たとえば次の【B】のように「放置していてはその動作が成立しない」動詞の場合には、他動詞はあっても自動詞が存在しないものがあるようです。

【A】ある程度放置していても成立しうる⇒他動詞と自動詞がペアで存在
揚げる～揚がる、炊く～炊ける、漬ける～漬かる、煮る〜煮える、焼く〜焼ける、沸かす〜沸く、……

【B】放置していては成立しない⇓他動詞のみ

ゆがく［×ゆがかる］、（米を）とぐ［×とがる］、……

あぶる［×あぶらる］、三枚に下ろす（×三枚に下りる）、……

この「ゆがく」や「とぐ」などは、その動作をする人がほぼ付きっきりで対応しないと普通は成立せず、自動詞が成り立ちにくいのだと考えられます。

「炒める」という動作は、ひっきりなしにフライパンを動かしたりしますよね。放置した状態では成立しないため、この他動詞「炒める」は、【A】ではなく【B】に属する（つまり「自動詞『炒まる』は成り立ちにくい」）ととらえる人が多いのです。

「炒める」の話、これにて失礼します。炒《チャオ》！

「野菜が『炒まったら』、火を止めてください」

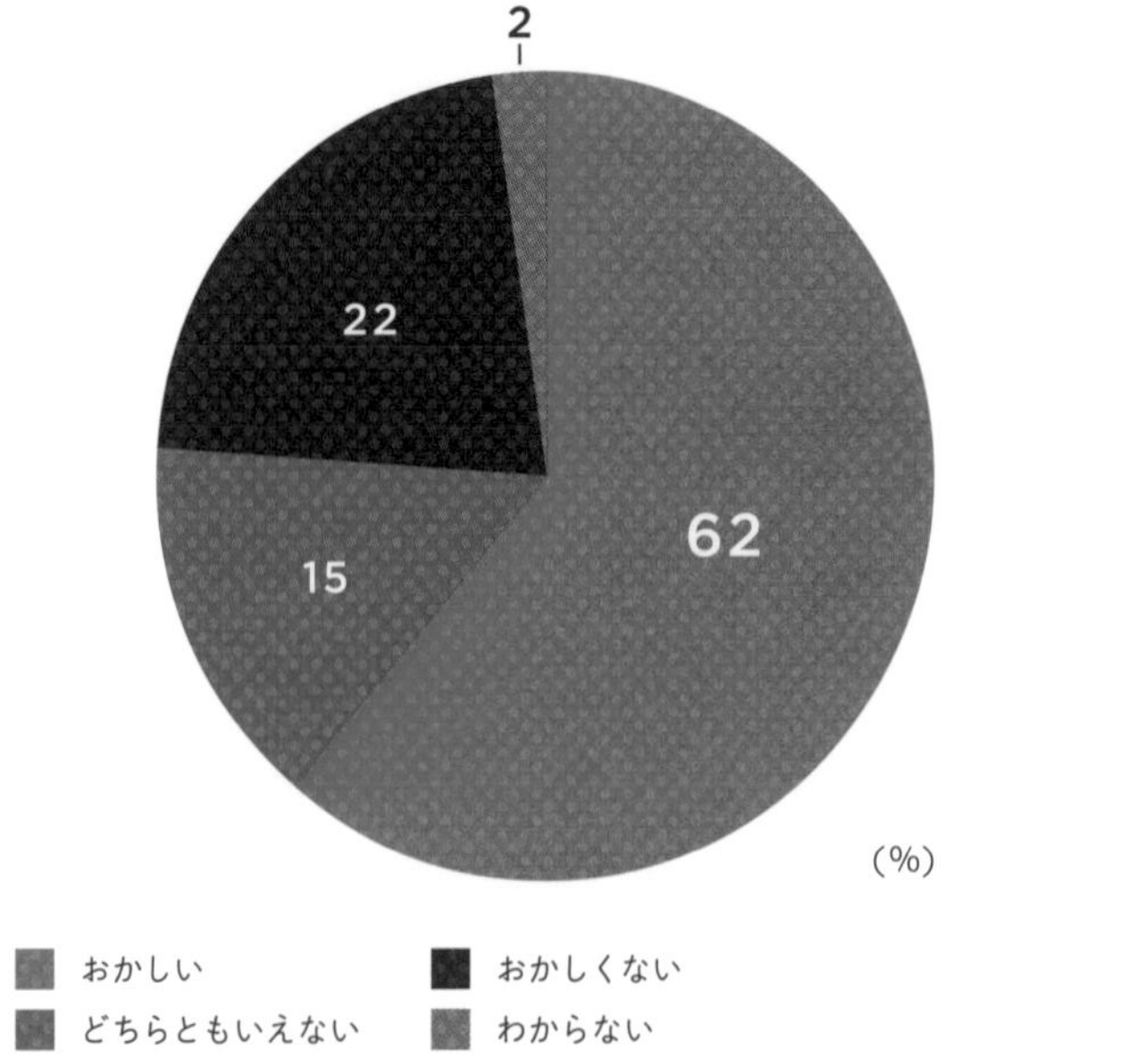

「芋をふかす」とは言っても「芋がふける」はあまり耳にしません。ただ昔は「ふける」もよく使われていて(「お芋がふけた」など)、現代の国語辞典でも項目として載せているものが多いようです。「炒まる」の一般化と「ふける」の衰退、とでも言えるでしょうか。

（2019年2月実施、全国1,213人回答〔計画標本数4,000、有効回答率30.3%〕）

ことばの研究

61

カレーを「食べ終わる」?「食べ終える」?

Q

カレーを「食べ終わる」と「食べ終える」は、どちらがよいのでしょうか。あるいは、意味が違うのでしょうか。

A

どちらでもかまいません。意味の違いはほとんどありませんが、使われる場面が少し異なる傾向があります。

まず、「終わる・終える」という単独の動詞について見てみましょう。

「発表が　終わる」［自動詞］

「発表を　終える」［他動詞］

この動詞のペアは、自動詞と他動詞の関係にあります。ただし、実際に使う上で、この2つの動詞が「対等」なのかというと、どうもそうではなさそうなのです。

「終える」については、たとえば小説の「地の文」などで

「私は、無事に発表を終えた」［他動詞］

と書いてあってもまったく自然ですよね。ところが不思議なことなのですが、日常会話で同じように「終える」を使って

「これで、発表を終えます」［他動詞］

と言うと、どうでしょう、なんだか少し落ち着かない感じがしませんか。

「終える」は、自動詞「終わる」に対応する他動詞だということのほかに、書きことばを中

心とした、特にかしこまった場面に限ってよく使うものだというような性質が、どうもあるようなのです。
話しことばの場合には、「終える」の代わりに「終わる」を使うような傾向が見られます。さきほどの文だと、
「これで、発表を終わります」〔他動詞〕
のように言うほうが自然です。つまり「終わる」は、自動詞だけでなく、他動詞として使う場合もあるということになります。

次に、「食べ終わる・食べ終える」について考えてみます。この場合、「(カレーを)食べ終わる・食べ終える」の両方とも可能です。ただしさきほど見たように、単独の動詞「終わる」には、自動詞・他動詞の両方の機能があります。それに対して「終える」は、もともと純粋な他動詞です。そもそも他動詞は、「意志」をもっておこなわれる行為を示すことが多いものなのです。そのため、「食べ終える」は、「食べ終わる」よりも、〔強い意志〕のニュアンスを帯びることがあります。

また調査をしてみたところ、「ごはんを食べ終えた」という言い方はおかしいという人（「ごはんを食べ終わった」という言い方のみを支持）が、高齢層に多く見られました。一方で、若い年代ではこの回答は少なく、「両方ともおかしくない」と考える人が多いようです。「食べ終える」のほうは「…終える」を用いているので特に話しことばでは使いにくいと感じられ、そのために（かつては）あまり支持されなかったのかもしれません。しかし近年ではこの傾向は薄れてきて、この「食べ終える」も認められるようになってきたというのが現状のようです。

ここまで無事に書き終えることができてホッとしてます。

「ごはんを『食べ終えた／食べ終わった』」

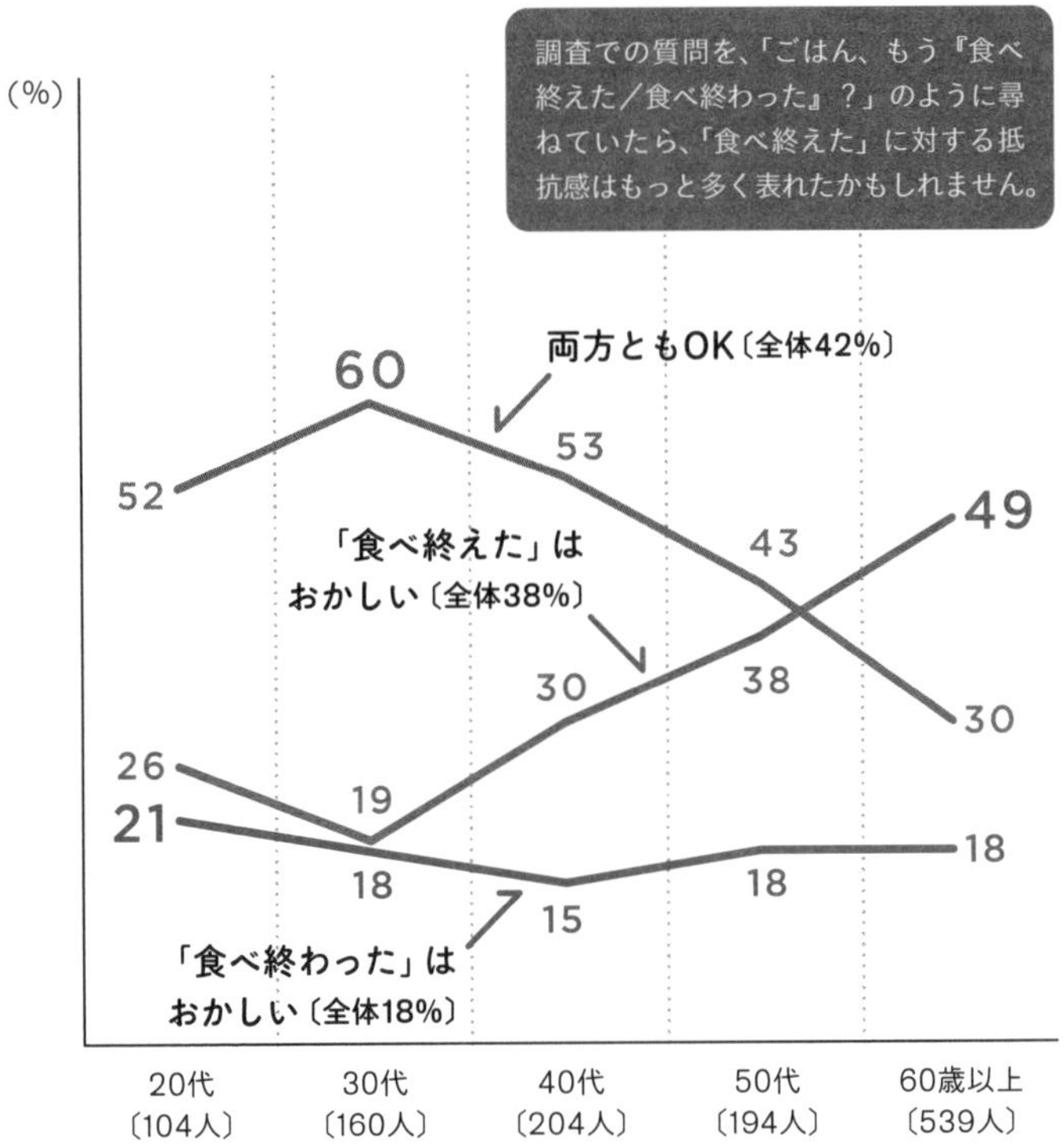

（2021年6月実施、全国1,201人回答〔計画標本数4,000、有効回答率30.0%〕）

おわりに

　さまざまな調査結果に見る日本語の現況、いかがでしたでしょうか。さて、この「いかがでしたでしょうか」という言い方も、日本語として「正しくない」ととらえる人もいます。「でした」「でしょうか」はいずれも助動詞「です」に由来し、1文節のなかに2回も出てくるのはおかしい、という考えによるものです。調査をしたら、どんな結果になるでしょうか。

　多くの読者の方々には意外なことかもしれませんが、日本語学・言語学では、ことばの「正しさ」というものを設定すること自体に、それほど積極的ではありません。ぼくも、言語研究者の仕事の中心はことばの「正しさ」を論じることではなく、その言語のありのままの姿を記述して分析することなのだというように、学生時代に習ってきました。

　一方で、あることばづかいが「正しい」とか「おかしい」という話は、大昔からなされてきています。自分たちが使うことばの「規範・よりどころ」を求める行動も、もしかすると、人間の本来的な習性なのではないでしょうか。[*3]

あることばを取り上げて「これはおかしい」などと語るのではなく、多くの人はこのことばについてこう思っているという現在の情報を、客観的なデータで示すことはできないだろうか。それを判断材料の一つとして、最終的にはそれぞれの人が自分なりのことばづかいを考えていき、また同時にほかの人のことばづかいもやさしく受け止めるのが望ましいのではないか。そう考えて、ことばに関するコラムを継続的に書いてきました。最初はNHKの社内誌の連載として始まり、ある時期から同内容がNHK放送文化研究所のホームページにも「最近気になる放送用語」というタイトルでアップされるようになりました。この本は、これらの中から61編を選び、それぞれに大幅な改稿を施して編まれたものです。

ことばがとても気になる子どもでした。小さいころに幼児向けの数巻の百科図鑑を買ってもらったのですが、英語の巻で、象の絵のところに「エレファント」と書いてあるのを見て、これはいったいどういうことだと混乱しました。象は「ぞう」だろ、なんで象に「ぞう」じゃない呼び名があるんだ。これが、ぼくが覚えている最初の「ことば問題」との出会いです。その後も、ドッジボールよりも漢和辞典のほうが気になる幼少期を送ります。高校時代以降は、英語以外の言語を学び散らかしました。

そんな感じで、ことば全般に興味というか過剰な感受性を抱え、セーターを着るとチクチクする人がいるように、それまで接したことのないことばを見たり聞いたりすると、心のどこかがチクチクする自分に気づきました。その過敏症を、日本語研究、特に放送用語の調査研究に活用させて、これまで生きてきています。辞書を読んだり外国語を勉強したりといった、言語にかかわること以外には、カレーを食べることぐらいしか能がありません。それで、ふだんから周りに迷惑ばかりかけています。この場を借りておわびします。

世界文化社の土肥由美子さんは、ぼくのスケジュール管理能力のなさに少しもめげず、プロの編集者として最後までぐいぐいと引っぱってくださいました。ありがとうございます。また、ことばのことしかできないぼくに仕事の場を与えてくれたNHK放送文化研究所と、やさしい同僚たち、ありがとうございます。

そして、妻と娘たち、そして癒やし犬《けん》のてぃだとくるに、ぼくなりの気持ちをこめて伝えます。いつもありがとう。


2023年3月の、あたたかくてのどかな日に　塩田雄大

〈参考資料〉

▼「はじめに」「おわりに」で示したもの

＊1：『NHK日本語発音アクセント新辞典』、解説編p・3

＊2：塩田雄大（2018年）「日本語と「標準語・共通語」」『日本語学』第37巻第5号、p・21

＊3：塩田雄大（2014年）『現代日本語史における放送用語の形成の研究』（三省堂）、p・276

▼放送用語・マスコミ用語全般に関するもの

NHK放送文化研究所（2005年）『NHKことばのハンドブック　第2版』（NHK出版）

NHK放送文化研究所（2011年）『NHK漢字表記辞典』（NHK出版）

NHK放送文化研究所（2016年）『NHK日本語発音アクセント新辞典』（NHK出版）

前田安正・関根健一・時田昌・小林肇・豊田順子（2020年）『マスコミ用語担当者がつくった使える！　用字用語辞典』（三省堂）

塩田雄大（しおだ・たけひろ）

NHK放送文化研究所主任研究員。学習院大学文学部国文学科卒業。筑波大学大学院修士課程地域研究研究科（日本語専攻）修了後、日本放送協会（NHK）に入局。2011年、博士（学習院大学・日本語日本文学）。1997年から、放送で用いる日本語の方針立案・策定に関連する言語調査・研究を担当。『NHK日本語発音アクセント辞典 新版』（1998年）、『NHK日本語発音アクセント新辞典』（2016年）の改訂などに従事。著書に『現代日本語史における放送用語の形成の研究』など。2015年からNHKラジオ第1『ラジオ深夜便』枠内コーナー「真夜中の言語学　気になる日本語」担当。

装画・本文イラスト：yone
装丁・本文デザイン：松本 歩（細山田デザイン事務所）
図版作成：松本 歩、榎本理沙、橋本 葵、杉本真夕（細山田デザイン事務所）、柳本シンジ
編集：土肥由美子（株式会社世界文化社）
校正：天川佳代子

JASRAC 出 2301560-301（p.17・24・45・48・71・109・213・215）、NexTone PB000053613（p.191・214）、㈱ヤマハミュージックエンタテインメントホールディングス 出版許諾番号 20230138 P（p.167）

基礎から身につく「大人の教養」
NHK調査でわかった日本語のいま
変わる日本語、
それでも変わらない日本語

発行日　2023年4月5日 初版第1刷発行
　　　　2023年9月25日　第2刷発行

著　者　塩田雄大
発行者　秋山和輝
発　行　株式会社世界文化社
〒102-8187
東京都千代田区九段北4-2-29
電話　03-3262-5124（編集部）
　　　03-3262-5115（販売部）
印刷・製本　中央精版印刷株式会社

©Takehiro Shioda,2023. Printed in Japan
ISBN 978-4-418-23206-2

落丁・乱丁のある場合はお取り替えいたします。定価はカバーに表示してあります。無断転載・複写（コピー、スキャン、デジタル化等）を禁じます。本書を代行業者等の第三者に依頼して複製する行為は、たとえ個人や家庭内での利用であっても認められていません。